小学館文庫

子どもが自立できる教育

岡田尊司

子どもが自立できる教育

文庫版によせて

子ども一人が、生まれてから大学を卒業するまでに、約二四〇〇万円の費用がかかるという(金融広報中央委員会「暮らしと金融なんでもデータ」)。これは、あくまで平均であり、中学、高校、大学と私立に通った場合には、その費用は、さらに一千万も増えることになる。親にとっても大変な投資である。

これは、親が支払う額だけの話であり、実際には、教育予算という形で多額の税金が投入される。OECDのデータによると、日本の子ども一人当たりの年間教育予算は、六五三三ドルであり(OECD「Education at a Glance [2009]」より)、教育支出だけで、一人の子どもが大学を卒業するまでの間には、一〇〇〇万円以上の税金が使われていることになる。それは、社会がその子に投資している分である。

だが、誰よりも、体と人生を張って、大きな投資をしているのは、子ども自身だ。もっとも可塑《かそ》性と吸収力の高い時間を、何にどんなふうに費やすかは、その子の一生を左右する。小学校からだけ数えても十六年間、幼児教育から数えれば、二十年近い歳月の重みは比べるものもない。後でやり直そうとしても取り返すことは容易ではない。本当に貴重な、かけがえのないものを、教育という可能性に委ねているのである。

それだけ大きな投資を行うのも、その子が大人になったときに、独り立ちでき、幸福で充実した人生を歩めるように準備するためである。これだけの時間とエネルギーとお金を注ぎ込んだのに、万が一子どもが、独り立ちすることもできず、年老いた親にすがって生きていくしかないとしたら、それは、親にとっても、本人にとっても、どれほど残念なことだろうか。病気や障害のためであれば、それもやむを得ないし、社会が支えていく必要があるが、健康で能力もある若者が、不本意で、不安定な人生を過しているというケースが増え続けている。それは、社会にとっても由々しき事態である。

東京都の一八－二九歳の若者計二〇〇〇人（正規課程の学生，専業主婦を除く）を対象にした調査によると、大学卒業しても、正規雇用で安定して就労できている人は、二〇〇六年の調査時点で、男女とも五割にとどまっている。現在では、その割合はさらに低下しているだろう。高卒者では、その割合は、わずか二割である。収入や仕事が安定しないと、結婚して子育てすることも、ままならない。

せっかく仕事についても長続きせず、あるいは社会に出られないままに、自信をなくしてひきこもっている若者の数は、七十万人にも上る。その中には、学校時代は成積優秀だった人も少なくない。思春期外来には、子どもだけでなく、大人も訪れる。ときには、三十代、四十代の人までやってくる。自立の躓《つまづ》きの原因をさぐろうと、藁《わら》にもすがる思いで門を叩くのだ。

そうした状態に対して、しばしば「発達障害」という診断がなされる。これまで見逃されていた軽度の発達障害があって、それが社会適応を妨げていると説明される。確かに、そうした面もあるだろう。ただ、検査をして調べれば、多くの人は、何らかの能力の偏りを抱えているものである。それを重大視すれば、「障害」ということになってしまうが、それで納得して、自立できない状況を受け入れて済む問題だろうか。ハンディを乗り越え、それを逆に活かして、生産的な人生を歩むという道はないのだろうか。創造的な人ほど、そうしたハンディを抱えていた人ではなかったのか。

そもそも遺伝要因が強い「脳の障害」とされる発達障害が、これほど急増するというのは、どういうことだろう。海外でも発達障害は増加しているが、軽度発達障害のケースが、医療機関に殺到したり、大きな社会問題になっているのは、日本に特異な現象である。生まれつきの「脳の障害」という説明が〝印籠〟のように使われるが、近年の研究では、環境要因の関与が意外に大きいという結果が示されてきており、ライフスタイルの変化による訓練不足も少なからず与っていることが、専門家の間からも指摘されるようになっている。実際、適切な訓練を行ったりライフスタイルを変えることで、「症状」が大幅に改善するケースを多数経験してきた。

一方、若者の雇用が不安定になっていることに関しては、経済的要因も関係していることは言うまでもない。円高とデフレが、わが国の経済を蝕み続け、雇用を奪ってきたことは周知のとおりだ。ただ、それだけで済ましてしまっていいのだろうか。たとえば、同じように自国通貨高に苦しんできたスイスでは、若者の雇用が非常に安定している。自立の過程もスムーズである。一体、この違いはどこから生まれるのだろうか。

そうした事態の背景を探っていくと、出会わざるを得ないのが、教育の問題である。多くの貴重な時間と労力と資金を投入しながら、社会にうまく生き場所が見つけられない人が溢《あふ》れているとしたら、教育が、それぞれの子どもの特性やニーズにうまく応えられず、その子の自立に役立つものとなっていないということではないのだろうか。日本の教育の在り方が、子どもの現状やニーズと大きなズレを起こしているのではないのだろうか。

子どもが自立できる教育とは、どういうものなのか。その疑問に答えるべく生まれたのが、二年前に上梓した『なぜ日本の若者は自立できないのか』である。今回、文庫版を出版するに当たり、データや内容を最新のものにアップデートするとともに、大幅に加筆を行った。タイトルも『子どもが自立できる教育』と、前に一歩踏み出したものに改めた。加筆部分では、最近台頭著しい新興国、ことに中国の教育システムについても現状報告や分析を補足した。

教育について書かれた本は数多《あまた》あるが、本書に従来の教育論とは違う画期的な点があるとしたら、万人にとっての優れた教育を論じた本ではないということだ。まったく逆に、誰にとっても優れた教育などというものはそもそも存在せず、一人一人の特性に合った教育の内容や方法が求められるのだということを、脳の情報処理の特性という観点から裏付け、新しい教育のパラダイムを呈示したという点においてである。

さらに、それを踏まえて、各国の教育システムを概観し、そのメリット、デメリットを検証し、最後に日本の教育システムが、なぜうまく機能しなくなっているのか、どうすれば子どもの能力を最大限に伸ばし、スムーズな自立を成し遂げる教育が行えるのかを論じた。

詳しいことは本文を読んでいただきたいが、そこから導き出された結論の一つは、スイスのように、若者の社会的、経済的自立がうまくいっている先進国に共通する特徴は、子どもの特性を活かしながら、自立を成し遂げるという視点での準備が、教育システムの中に組み込まれているということである。社会性やコミュニケーションの能力を養うという点にも高い関心が払われている。まだ社会のつながりが強い途上国とは違って、先進国になり個人主義が強まるほど、そうしたきめ細やかな教育の仕組みが求められるのである。

多くの時間と労力とお金を費やしても、もはや社会の現実や子どもの特性と合ったものでなければ、社会に出た時に、長い歳月をかけて学んできたことが、まったく通用しないという残酷な事態になってしまう。良い学校に入る、名の知れた企業に就職するということでは、もはや子ども未来は守れない。激動の時代にあっては、子どもが自立していけるという視点で、そのために本当に必要な力を培うことが、いっそう重要になっている。

わが子の将来を考えるうえでも、日本社会に希望ある未来を取り戻すためにも、今行っている教育が本当に有効なものか、本書が投げかけた視点が、立ち止まって考えるきっかけになれば幸いである。

二〇一三年春

岡田尊司

はじめに──なぜ若者は母親を殺さなければならなかったのか

巣立てない若者たちの悲劇

事件が起きたのは、日が長くなりはじめた五月の夕刻のことだった。若者は、父親が夜勤の仕事に出かけていくのを見届けると、階段を下りて居間をのぞいた。母親がテレビを見ていた。家にいるのは母親と自分だけであることをもう一度確かめてから、手はず通り玄関まで行って施錠をした。若者はげた箱の扉を開けて、中に隠しておいたものを取り出した。金属バットだった。ふるえる手でグリップを握りしめると、もう後戻りはできないところに来たと感じた。

若者は足音をひそめながら居間に向かった。気づかれないように背後から近づいて、一撃のもとに、ことを終えるつもりだった。だが、十分近づかないうちに、気配に気づいた母親が振り返った。驚きと恐怖にゆがんだ顔。若者は焦って襲いかかろうとしたが、母親はとっさに逃げだした。何か叫んでいたかもしれないが、その声は耳には入らず、ただ、ここで取り逃がしてはやり損なうという思いだけがあった。

母親がドアのノブに手をかけたところで追いつくと、最初の一撃を加えた。振り下ろしたバットは後頭部をかすめ、背中に当たった。「やめて」という声がしたが、若者は逃がすまいと必死に次の一撃を見舞った。悲鳴とともに母親の体が床に転がった。頭を押さえた手の間から鮮血がほとばしっていた。泣きわめくような声を上げ、体を左右に揺すっている母親に早くとどめを刺そうと、若者はバットを振り下ろし続けた。

我に返ると、頭の皮はズタズタにはがれ、血まみれになった姿で動かなくなった母親が横たわっていた。

若者はいったん逃走したが、その後、自分から交番に出頭して、殺人の容疑で逮捕された。母親は頭部などを数十発殴られており、頭蓋内出血が致命傷となって、搬送先の病院で死亡が確認された。

なぜ若者は母親を殺さなければならなかったのか。それほどの憎しみとは、一体何に原因があるのだろうか。誰もが疑問に思うことだろう。

ましてや、母親が息子のことを誰よりも心配し、二か月前、彼が死のうとしたときも体を張って必死に止めようとしたということを知れば、なおさら不可解に思われるだろう。だが、この事実こそが、彼がなぜ母親を殺さねばならなかったかという疑問を解くカギでもあった。

今世紀に入って、若者たちによる親や教師、ときには無関係な他人を傷つけ、命を奪うという事件が相次いでいる。この事件もそうした事件の一つである。彼らに共通するのは、深い自己否定と疎外感を抱え、自分を認めてくれなかった悲しみや怒りを、最後に「復讐《ふくしゅう》」することで晴らそうとしたことである。

母親は、若者が中学のときに不登校になって以来、ずっと息子のことで悩み続け、息子を支え続けてきた。高校に進んでから学校に行けるようになり、一時は明るくなっていた息子の姿を誰よりも喜んでいた。だが、再び息子は学校に行かなくなり、うなだれて暮らすようになったのだ。何があったのかと、何度尋ねても、息子は何も答えなかった。

何が起きていたのかがわかったのは、事件が起きてしまってからのことである。ささいな友人とのトラブルをきっかけに、無視や仲間外れを受けるようになり、学校に行けなくなったのだ。中学のときに不登校になったのも、いじめが原因だった。高校ではうまくやれそうだと思っていただけに、彼のショックは二重に大きかったのである。おとなしくて、自分の言い分を主張することが苦手な若者は、それにうまく対処することも、助けを求めることもできなかったのだ。ただ自分は受け入れてもらえない、みんなから嫌われているのだという悲しい確信を抱くようになっていた。

それ以来、若者はひきこもった暮らしを続けていた。一度だけバイトに行こうとしたことがあったが、長続きはしなかった。同じミスをして店長に厳しく注意され、辞めてしまったのだ。自分はやっぱりダメだという挫折感だけが残った。

生きていても仕方がないという考えが去来するようになり、何度か死のうとした。その都度、母親がそれを止めてきたのだ。若者は、母親のために生きさせられているように感じて、そのことにも苛立《いらだ》った。

考えてみたら、母親はいつもそうだった。彼が何かしようとすると、あれこれ口を挟んでやめさせたり、別のことをさせようとした。彼はいつも言うとおりにしてきた。だが、その結果が今の自分ではないか。それなのに、今は何か言い返すと、母親はすぐにめそめそ泣きだす。そのことも、うっとうしかった。

いつしか若者の中に、やるせない絶望感と母親に対してずっと抑えてきた怒りがないまぜになって、計画的な殺意を形づくっていったのである。

もちろん、それだけで若者がなぜ母親を殺したのかを説明し尽くせるわけではない。殺意を抱いたとしても、実行しないケースの方が圧倒的に多いし、そこには不運な偶然やさまざまな要素が絡む。だが、それを扱うのは、本書のテーマではない。本書が取り上げるのは、彼がなぜ母親を殺したのかではなく、彼のような若者も安心して学び、社会に通用する力を身につけ、社会に巣立っていくことはできないのかという問いである。それができていたら、こうした悲劇が起きることもなかったからだ。

そこに浮上してくるのは、一人の特別な若者の問題ではない。すべての若者が向かい合わなければならない、自立という課題でつまずかないためにはどうすればよいかという問題なのである。

彼の深い絶望感と苛立ちは、仲間に自分を受け入れられ、価値を認めてもらえなかった者の悲しみや怒りでもあった。親や家族がいくら彼を受け止めようと、彼の気持ちが救われることはなかった。なぜなのか。

それは、彼の直面している課題が、親の助けによってはどうにもならない、自立という課題だからである。自立を成し遂げるためには、外なる存在に受け入れられ、認められることが不可欠なのである。

これから、社会に出て自立を成し遂げようとする若者にとって、仲間に受け入れられないことほど、過酷でつらいことはない。自分が無能で、役に立たないと言われることも同じくらいつらい。そのどちらの条件もクリアしてはじめて、若者は社会に自分の居所を確立することができるからだ。

この若者が抱えていた苦悩とその破綻《はたん》は、自立しようとしてはい上がるための足場を奪われ、巣立つことが困難になった者の思い詰めた末の絶叫だったとも言える。日本列島を蹂躙《じゅうりん》した「復讐者たち」の群れは、自立の過程を損なわれた者の怨念が、この社会に膨らんでいることを示している。実際、こうした悲劇はもっと穏やかな形ではあるが、今、日本中に溢《あふ》れているのである。

思春期外来にやってくる大人たち

大学の保健センターや精神科の思春期外来で仕事をしていれば、自立の問題を抱えたもっと普通の若者たちに、日常的に出会うことになる。

私が思春期外来を担当するようになって一つ驚いたのは、大人の受診が異様に多いことである。実際、患者の半分くらいが成人という日も珍しくなかった。二十代くらいが多いが、中には三十代、四十代の人もやってくる。親や配偶者、恋人に、半ば無理やり引っ張られてくる人もいれば、自ら受診を希望してくる人もいる。

これには、医療側の問題もある。発達やパーソナリティの問題を扱ってくれる、大人を対象にした医療機関の窓口がないに等しいため、発達やパーソナリティの問題を扱い慣れた「思春期外来」を仕方なく訪れるという事情である。

年齢や姿形からは、彼らを「思春期」と呼ぶのにいささか抵抗があるのだが、抱えている問題の中身に立ち入ると、実に「思春期」的な課題を乗り越えられずに、本人も周囲も困っているということがわかる。その課題とは、もっとも本来的な意味において、「自立」するということである。

思春期外来に、三十代、四十代の人がやってくるという事態は、三十になろうが、四十になろうが、自立という課題を成し遂げられない人が増えていることを表しているとも言えよう。

こうした問題に対して、「発達障害」の増加ということがしきりに言われるようになった。もちろん、そうした課題を抱えているケースも多いし、そうした特性を理解して対処することは重要である。ただ、同時に、どうして「発達障害」がこれほど問題になり、子どもだけでなく、大人までもが、そうした課題を引きずりやすくなっているのかを考えてみる必要はある。というのも、発達障害自体は先進国全般に増えているのだが、軽度の発達障害がこれほど問題を起こしやすくなっているのは、日本にだけ見られる特異的な現象なのである。大人が思春期外来に溢れたり、ひきこもりの大人が急増するという事態は、他の先進国では見られていないのだ。そこには、日本社会が抱えた固有の問題がかかわっていると考えられる。つまり、社会的スキルや自立のために必要な能力を育《はぐく》む仕組みに、欠陥が生じているのではないかということである。

自立プロセスのつまずきとしてのひきこもり

二〇一〇年七月に、内閣府が発表した全国実態調査の結果、ひきこもりと認められる成人の数は、およそ七十万人と推計され、さらに予備軍が百五十万人以上に上るという。ひきこもりは、自立という観点から見ると、その意味は明白になる。ひきこもりは、自立プロセスのつまずきのもっとも顕著な形態だと言える。

予備軍を含め、ひきこもりの大人が二百万人を超えるという状況は、日本の若者にとって、自立という課題が非常に困難なものとなっていることを示す端的な証左である。

彼らは、巣立つはずの時期が来ても巣にとどまり続け、生きていく手段を自力で調達する努力も、社会的体験の機会も放棄して、親の保護によって生き続ける道を選ばざるを得ないのだ。

自立の障害を大きな山にたとえれば、ひきこもりに陥っているケースは、その頂の一部にすぎない。ひきこもりにまで至ってはいないが、完全には自立を達成していない、中間的な段階の大人がもっと多数存在する。

社会という観点からも、また、個人という観点からも、子どもが成熟年齢に達したときに自立を達成して巣立つことができないことは、かなり深刻な事態である。個人のその後の人生に暗い影を落とすばかりでなく、社会や国家の前途にも影を落とす。

自立の困難は、厳しい経済状況や雇用状況とも、もちろん関係している。しかし、同じような状況にあっても、いや、もっと困難な経済状況にあっても、国や社会によっては、さほど深刻な自立の問題が起きていないところも多い。欧米でも途上国でも、たとえ高い失業率の国であっても、自立の困難が大きな問題になっている国はむしろ稀《まれ》である。つまり、そこには、日本社会特有の問題が関係していると考えられる。

自立には、子ども自身の身体的、精神的、社会的発達が関係するし、経済的自立を得るための職業的技能もかかわるであろう。また、社会の新人である若者を受け入れ、育てていく仕組みも関係するだろう。

さまざまな問題がある中で、本書が取り扱うのは、子どもを社会に送り出すまでの段階、つまり教育がかかわる部分である。自立の問題に教育のあり方がかかわっているとしたら、それは、どういう点においてであるのか。日本の教育が、自立をうまく達成させることにおいて問題を生じやすくなっているとしたら、それは、なぜなのか。

自立のプロセスが円滑に進んでいかないのは、どこに問題があるのか。そうした問題について考えていきたい。

私は京都大学大学院で、高次脳機能などの研究に携わった後、精神科医として、発達の問題やパーソナリティの問題に取り組んできた。その過程で若者たちの社会的スキルや共感性が低下しやすくなっていることを痛感し、それを改善するためのプログラムの開発など、実践的な取り組みも行ってきた。対象を成人に広げ、例えば、国立大学の研究者を対象に、同様のプログラムを行ってもいる。また、学習障害の子どもたちに多く出会ってきた経験から、子どもの特性に応じた学び方がそれぞれ異なることを痛感するようにもなり、子どもの特性に応じた学習法や指導法についても研究を行っている。

そうした中で、従来の教育のあり方には、非常に無理があるということを痛感するようになった。どんなに教師が身を削って努力しても、遊びたい盛りの子どもたちが長い時間机に向かい続けても、その時間と労力が報われにくい本質的な問題があるのだ。

それは、教師が悪いのでも、子どもが悪いのでもなく、子どもの特性を無視した教育システムに問題があるのだ。いじめや校内暴力が頻発するのも、ひきこもり、自立できない人が増えてしまうのにも、その問題が関係している。

よかれと信じ、行われ続けてきた教育が、なぜ、こんなにも多くの子どもたちに、期待とは裏腹な結果をもたらしてしまうのか。どの子どもも仲間から受け入れられ、自分の特性を生かし、自立を成し遂げさせるためには、どういう教育が必要なのか。本書から、その二つの疑問に対する明快な答えを得られるだろう。その答えから、親や教師が子どもをどう導くべきかという方針が示唆《しさ》されるとともに、前途の危うくなった日本社会が、今後、再生するためにとるべき対策がはっきり見えてくることと思う。

もちろん、その結論を押しつけるつもりはない。従来の固定観念にとらわれず、子どもに本当に必要なものは何かという視点で議論が巻き起こる一つの起爆剤になれば十分である。

目次

第3章
子どもの特性を生かすことが、自立につながる

第４章 海外の教育から学ぶ

第6章 この国の再生は教育から

自立の失敗と学力低下の根底にある問題

講義暗記型教育の起源は
京都大学の挑戦
京大方式の挫折と東大方式の隆盛
上意下達の日本社会と画一化した教育
宮仕えの教育から企業家型の教育へ
三十年前に破綻している中学教育
進路別教育の可能性
自立という観点が乏しい日本の教育
五教科主義は、優等生たちの自立を助けているか
社会的スキルの不足が、なぜこれほど問題になるのか
受験戦争と点数主義が生み出したもの
集団の多様性が、新たな可能性を生む

写真提供　共同通信社

第1章

こんなに優秀な人が、なぜ自立できないのか

知能検査の結果は超優秀だが……

思春期外来の、その日の新患は、二十代半ばの男性であった。成人とはいえ、まだ「思春期」のにおいを残したフレッシュな年代と言えるだろう。アナムネ（問診記録）を読むと、有名大学の、しかも大学院の院生ということだ。実際に会ってみると、真面目で、いかにも賢そうな風貌の青年である。こちらの質問にも的確に答える。聞くと、大学院での研究テーマは、今、花形とされる最先端のもので、その教室に進めたということは、大学時代も成績優秀で、難関の大学院入試を突破できたということである。現在、修士課程の二年目で、修士論文に取り組んでいるという。

知能検査の結果は、ＩＱが１３０くらいあり、ディスクレパンシー（乖離《かいり》）もあまり認められない。ディスクレパンシーというのは、知能の要素間の乖離のことで、例えば、言語性知能は高いのに、動作性知能（目や手を使って課題をこなす能力）は低いといった乖離があると、それは発達の偏りがあるということであり、発達障害を疑う根拠とされる。言語性知能は高いのに、動作性知能は低いといった乖離は、例えばアスペルガー症候群に典型的に見られるものである。

しかし、この青年の場合、言語性も動作性もどちらも優れていて、甲乙つけがたい。また、さらに細かい項目を見ても、言語理解や作動記憶、知覚統合や処理速度のいずれも優れていて、バランスもよくとれている。知能検査の結果を見る限りでは、オールラウンドな秀才で、発達の問題を疑う手がかりはないように思えた。

だが、現実の彼は、非常に困った問題に直面していた。それは、文章が書けないということであった。彼は、これだけ高い能力と言語的知能を有しながら、文章にまとめるということになると、作文が苦手な小学生のように、一体何をどう書いたらいいのか、手が止まってしまうのである。文を書くこと以外にも、彼は人前でプレゼンテーションをしたり、スピーチしたりするのが極度に苦手だった。知識や言葉は溢《あふ》れるほど頭の中にあるのに、それをうまく生きた言葉にして伝えることができないのだ。

これほど大きな問題があるというのに、最新の知能検査であるＷＡＩＳ－Ⅲによっても、異常を見いだすことはできないのだ。知能検査ではわからないこの能力の障害は、一体何なのか。実は、この青年が困難を抱えているのは、統合能力、つまり、情報を組織化、系統化する能力の問題なのである。

統合機能は、認知機能の一つであるが、非常に高次な情報処理能力である。統合機能が弱いと、手際よくまとまりのある話をしたり、文章を書いたりするということが苦手になる。自由度が高いほど、いっそう書いたり、しゃべったりするのが難しくなる。テーマや言うべきことがはっきりしていた方が、まだ、話を組み立てやすいからである。

質問には答えられても、あなたが感じていることを話してくださいというふうに漠然と尋ねられると、何をどう話せばよいのかわからなくなってしまう。オープン・クエスチョンが苦手なのである。逆に、マルチプル・チョイスで答えるマークシート方式の試験ならば、難なくクリアできる。

この青年の場合、人付き合いも消極的で不器用なところがあり、診断的には、軽症のアスペルガー症候群ということもできるのだが、こう診断をしたところで、この青年の人生を救うことにはあまり役立たない。そもそも、アスペルガー症候群という診断にしても、この青年の直面する問題を十分に表しているとは言えない。アスペルガー症候群でも、統合機能の優れた人は大勢いるのである。

しかし、この年齢から統合機能を訓練することは不可能ではないにしても、困難と苦労をともなう。それに、長い時間を要する。改善に向けて取り組んでいくしかないのだが、彼が研究者として活躍したり、就職したりするのに適した年齢はどんどん過ぎていくので、焦りも生じやすい。

もっと脳が柔らかい、早い段階から訓練しておけば、まったく状況は違っていただろう。その時期から取り組んでいれば、統合機能を伸ばすことは、それほど困難ではない。

ほかの面では高い能力をもち、実際、学業優秀で、超一流大学の大学院まで進んだにもかかわらず、それをうまく生かすことができず、進退窮《きわ》まっていたのである。青年はすっかり自信をなくし、大学院で研究者としてやっていくことはおろか、一般企業に就職することも無理だと感じている様子で、作業所に通いたいと考えていた。

蒼ざめた青年を見ながら、彼が受けてきた教育が、なぜ彼の能力を生かせなかったのかを考えずにはいられなかった。この悲劇は防ぎようのないものだったのだろうか。もっと違う手だてをとることはできなかったのだろうか。

社会に通用するかどうかを左右する統合能力

統合能力の低下は、その人が社会に通用するかどうかを左右しかねない問題だが、こうした問題は、この青年に限った話ではない。今、作文やレポートが書けないという高校生や大学生が非常に多くなっている。働いているサラリーマンでも、文書を作成したり、会議で発言したりすることが苦手だという人が少なくない。こうした人は、うつになる人にも多く見られる。技術系の仕事を任されていたときはどうにかこなせていたのに、管理的な仕事をしなければならなくなると、うまく対応できずに潰れてしまうというケースである。近年、こうした事例は非常に多い。

統合能力が弱い人が増えているのである。こうした人たちを、すべて「発達障害」と診断したところで、根本的な問題の解決にはならないように思う。というのも、原因は明らかに、訓練不足による部分が大きいからだ。

肥満や高脂血症が増えるのは、「メタボリック症候群」が増えたからではない。運動不足で栄養過多のライフスタイルに原因があるのだ。それと同じことで、対人関係やコミュニケーションが苦手な人が増えたのは、「発達障害」が増えたからではない。対人関係やコミュニケーションの訓練の場が不足していることが、根本的な原因なのだ。


統合機能の発達を促し、その能力を高めるための有効な方法としては、次のような取り組みが挙げられる。

一つは、視覚的情報と聴覚的情報、知覚入力と運動出力といった、異なるモードの情報処理を同時に使うことである。状況が変化する中で、それに対して体全体で反応するような遊び、ブランコやトランポリン、ボール遊びや鬼ごっこといった、子どもの頃の遊びは、感覚統合を促進するのに役立つ。それに対して、同じモードや同じ回路ばかりを使うような遊びは、そうした効果が乏しい。

子どもは遊びの中で育つと言われるが、遊びというのは、概して統合能力を高めるのに有効なのだ。多様な感覚や情報、知覚と運動の両方の要素、予測できない要素が入れば入るほど、それは統合機能のよい訓練になる。

また、ただ「聞く」「読む」「書く」「話す」のモードを個別に使うのではなく、聞きながら書く、声に出して読む、会話する（聞きながら話す）、書きながら説明するなど、いくつかのモードを併用しながら学習した方が統合能力の訓練になる。

もう一つは、文章を書くということである。これは、かつてはもっと重要視され、鍛えられたが、ことにマークシート方式の試験が主流になってから、おろそかにされてしまった。文章を書くことは、非常に優れた統合能力の訓練なのだ。書いていれば上達するが、書くのを避けていると、衰えるばかりである。

三番目は、自分の意見を発表したり、討論をしたりすることである。この場合も、ただ自分の主張をするだけでなく、相手の反応に対して答えるという相互的な掛け合いや対話、議論を学ぶことが、より高度な統合能力を鍛える。自己主張するだけでなく、対立を克服するという部分が重要なのである。

つまり統合能力とは、弁証法の能力でもある。対立しているものを、対立を乗り越えて解決する道を見いだしていく能力なのだ。統合能力が高まると、葛藤《かっとう》や問題に遭遇しても、それを粘り強く克服する方策を見いだせるようになる。逆に、知的能力が高いにもかかわらず、ささいなストレスで切れてしまったり、短絡的な行動に走ってしまったりするのは、統合能力が弱いからである。

最後に、チームワークの必要な集団の中で活動し、協調やリーダーシップを学ぶことがあげられる。これは、自分の考えや葛藤だけでなく、集団全体の意思や対立を統合していく能力を鍛える課題である。こうした能力の萌芽は、すでに幼児期後半に認められる。それを伸ばせるかどうかなのだ。

この段階までの統合能力がしっかり身についていることが、のちのち自分を生かし、社会で通用するためには必要なのである。

子どものニーズを無視した日本の教育

もちろん、こうしたことがもともと得意な子もいれば、不得意な子もいる。しかし、統合機能が人生を左右するほど重要な能力だという認識があれば、もう少し違った取り組みがなされてきただろう。幼いうちから少しずつ積み重ねていけば、将来にもっと有効に備えられたはずである。

ところで、今の教育はどうだろう。作文やソーシャルスキルといったものに注目し、いろいろ工夫を凝らした取り組みが行われている一部の学校もある一方で、大部分の学校は、統合機能を高める方向とは反対向きに走り続けてきているように思える。

そうなってしまうのは、子どもたちや親の多くが、一つの目標として意識する大学入試のあり方に、小中高での教育も影響されざるを得ないからではないだろうか。

マークシート方式で行われるセンター試験に代表されるように、統合的な能力は、評価の対象から外れてしまいがちだった。となれば、どうしても反射的に正解を出す訓練にウエイトが置かれ、知っているか知らないかというレベルの学習が中心になってしまう。しかもまずいことに、学年が上がるほど、そうした傾向が強まる場合もある。考えを文章にまとめたり、討論をしたり、チームで学習を進めたりという時間は、受験の観点からは無駄なものとみなされがちである。それを補うべく、小論文や面接が取り入れられるようになってはいるが、やはり主役はセンター試験であるという状況は、本質的に変わっていないように思う。

この青年のように、今の教育の基準から言えば、超優秀とみなされて、本人もそのつもりで大学院まで進んできたというのに、今さら自分の能力が社会には通用しないものだと思い知らされるというのは、とても残酷なことである。まるで、心地よい幻でも見させておいて、それを信じてきた青年に、あれは現実ではないと言い渡すようなものである。十数年もの時間をかけて努力してきたことが、幻だったでは済まされない。彼の人生は、もう取り戻しようがないところまで進んでいるのだから。

もし統合機能の重要性が最初からわかっていれば、もっと違う時間の使い方もできただろう。自分がつまずくことになる部分を、もっと意識して強化することもできたはずだ。しかし、彼はずっと優秀だとみなされたので、露ほども疑うことなく、その路線をひた走ってきたのである。

その子の特性を正しく把握し、その子が将来、社会で生き抜いていけるように、適切な働きかけやトレーニングを行っていくことが、いかに重要かということである。この青年のように人並み外れて優秀な能力をもっていても、それが生かされないということも起きてしまうのだ。

ましてや、特別な能力などもち合わせていない、いわゆる普通の子にとって、その子のもてる能力をどう生かすかということは、それこそ死活問題だ。対応の仕方一つで、その子の人生を浮かばせることもできれば、ゆがめてしまうことにもなってしまう。

せっかく就職したのに、なぜ行き詰まるのか

子どもの特性という問題を考えるために、もう一つ例を挙げよう。

大学で福祉を学び、介護の仕事に就いた二十代前半の女性が、仕事や対人関係がうまくいかず、相談にやってきた。

幼い頃は、特に発達の問題を指摘されたこともなく、小学校時代もほかの子どもともよく遊び、成績も普通だったが、話をうわの空で聞いていて、肝心な指示が頭に入っていないということが家でも学校でもよくあったという。そのため、わかっているのに、答え方を間違えたりすることがあった。

中学校に入った頃から、集団の中にいると緊張や気疲れを感じるようになり、少数の友達とだけ付き合うようになった。高校、大学と消極的な傾向は続き、人前で発表したり、人とやり取りしたりするのが苦手だった。けれども、ストレートで卒業して、介護施設に就職した。

ところが、そこで、大きな壁にぶつかってしまったのである。聞き間違えが多く、とんちんかんな対応をしてしまったり、一度言われただけでは指示が頭に入らず、うまく対応できなかったりということで、失敗が重なった。上司からも注意を受け、すると余計に焦ってうまくできず、すっかり自信をなくしてしまったのだ。

一体、彼女の足を引っ張っているのはどういう問題なのだろうか。

一つ明らかなのは、人前で過度に緊張してしまう傾向が見られるということだ。対人緊張や社会不安と呼ばれるものが強いのである。

だが、それだけで彼女の抱えた困難を説明できるだろうか。確かに、緊張していると、聞き間違えや指示が頭に入りにくいということも起こりやすいだろうが、そうしたことが家庭や学校でも、小さい頃から見られていたとなると、中学以降強まった対人緊張だけに原因を求めるのは難しい。

そこで、検査をしてみると、次のようなことがわかった。知能は平均的だが、作動記憶が弱く、特に語音整列と呼ばれる、数字とかなが混じったものを耳で聞き、順番に並び替えて答えるという課題の成績が低かったのである。試しに、短い文を言って、それをそのまま暗唱してもらったり、質問する課題を行ったりすると、細かな間違いが多く見られた。ところが、書かれた文章を読んで質問に答える課題では、適切に読み取れていたのである。言葉の音を覚えるのは苦手だが、文字だと頭に入りやすいということになる。

こうしたことから、この女性は、音声の作動記憶が特に弱いという問題を抱えていることがわかった。作動記憶は、ワーキングメモリーとも言い、文を読んだり、話を聞いたり、計算をしたりするときに、その途中経過を一時的にメモしておく、短期間の記憶である。ワーキングメモリーが弱いと、当然、言われたことも頭に残りにくくなる。ことに長々としゃべられると、最後の方だけ覚えて、最初の方の言葉は忘れてしまうということになりがちだ。その結果、相手の言っている内容が、正確には伝わりにくい。自分の聞き取った一部から推測して対応したりすると、うまくいくこともあるが、とんでもない間違いが起きることもある。

ワーキングメモリーが弱いと、必然的に注意力も低下する。ところどころしか聞き取れていないのだから、無理もないことである。おそらく小さい頃から作動記憶が乏しいために、相手の話が聞き取れず、指示が抜け落ちてしまうということがあったのだろう。しかし、ただ不注意なだけだとみなされて、それ以上の関心も手当てもされなかったと考えられる。

「発達障害」と診断するだけでは解決しない

こうした問題に対して、昨今は「発達障害」という観点で論じられることが多い。実際、そうした観点で見れば、何らかの発達障害を抱えていることが多く、私自身も精神科医として、そうした診断を行う。その特性を理解した上で対処することが不可欠だからである。診断することで、問題の所在がわかり、ほっとされるということも多い。ただ、診断しても、大人のケースの場合、ことに軽症のケースでは、それほど大きな支援が受けられるわけではない。治療の手だても乏しい。もっと正確に言えば、治療の手だてはあるが、医療資源的に、医療経済的に、実施するのが難しいのである。

しかし、その一方で、診断される人の数はうなぎのぼりに増えている。発達障害と診断される人の数は、過去二十年で十数倍にも膨れ上がり、発達障害の子どもの割合は、最近の調査では、小学校全児童の7パーセントにも達している。その子どもたちが、将来、発達障害をひきずりながら大人になるとしたら、社会が支え切れなくなる恐れもある。しかも、診断されない子どもたちは大丈夫かというと、そんなふうにクリアカットに割り切れる問題ではないのだ。

学校現場の教師も児童精神科医も、正常発達とされる子どもたちの中に、発達障害的な傾向を抱えている子どもが非常に多くなっていると感じている。診断されるほどではないが、同じような困難を抱えた子どもが大勢いるのだ。

そうなってくると、ただ診断名をつけて、線引きするだけでは、問題は解決しないのである。

ペーパーテスト中心の教育の悲劇

この女性のケースのような場合も、軽度の発達障害がありますとか、注意欠陥障害がありますといった診断を行い、支援を受けられるようにすることも大事だが、そういう対応をしたところで、現実問題として、彼女が受けられる支援はごく限られたものであり、状況を根本的に改善することにはならない。

もっと大事なのは、こういう状況に至ってしまう前に少しでも早く問題を見つけ出し、早い段階から、必要な教育的支援を行って、こうした悲劇を予防することなのである。そうしていれば、困った事態に至ることもなく、社会に出たときに、問題なく対応できるだけの能力を培っておけただろう。というのも、こうした能力は、脳が柔らかい段階から訓練すればするほど、改善の余地が大きいからだ。逆に言うと、成人してからの改善は可能ではあるが、より困難になるのである。

彼女の抱える問題に、なぜさほど注意が注がれなかったかといえば、一つには、ペーパーテスト中心の教育ということがある。紙に書かれている文章を読み取って、それに書いて答えるという形式では、彼女の問題はあまり目立たないのだ。口頭で指示されたときに、はじめてその弱点が露呈する。しかし、現実の社会では、ペーパーテストのように紙に問題が印刷されているわけではない。口頭でやり取りしながら言葉の内容を理解し、対応しなければならない。

彼女の場合にも、実際には通用しない教育が行われ、もっと必要なトレーニングの機会が与えられなかったということになる。

読み書きだけを重視した教育ではなく、聞いて話すという能力も、同じくらい力を入れて訓練していれば、少なくとも彼女が抱えている重大な問題にもっと早く気づけただろうし、もっと意識的な訓練を積むこともできただろう。万が一、聞き取りの能力が十分改善しない場合にも、それを自覚した上で、もっと適性のある職業選択やそれに見合った職業訓練を行うことも可能だっただろう。

低下する聞き取りの能力

聞き取りの能力が弱い人が、最近非常に多くなっている。それは、文字言語に触れる機会が増える一方で、会話言語や音声言語に触れる機会が相対的に少なくなっているためでもあるだろう。メールの普及やさまざまな映像メディアの浸透は、そうした事態に拍車をかけている。人々は、ともすると視覚優位になりがちなのである。

昔であれば、学校の外にいるときは、もっぱら音声言語に触れる機会が多かったので、学校にいるときは文字言語だけを教えればよかった。しかし、今では状況が百八十度変わっている。教育の現場では、そうした状況を踏まえて、音声言語や会話言語の弱さに配慮したトレーニングを積極的に取り入れていく必要があるだろう。このケースのような事態を防ぐためにも、それは必要である。

聞き取りや話をする能力を鍛えるのは、さほど難しいことではない。取り組んでいるか、なおざりにしているかの違いが、十何年も積み重なって大きな差を生んでしまうだけである。

海外の語学学習でよく行われるディクテーション（書き取り）といった訓練も、非常に有効である。書き取りというと、日本では漢字の書き取りを連想するが、ディクテーションは、長文を区切りを入れながら読み上げて、それを書き取っていく課題である。聞き取りと文字を書くという両方の練習になる。なぜか日本では書写は行われても、ディクテーションはあまり行われない。

暗唱訓練も有効である。短い文章を暗唱するということをやっていると、記憶力は飛躍的に高まっていき、かなり長い文章も比較的短時間で暗唱できるようになる。

授業のノートをとったり、会議の書記をしたりすることも重要な訓練である。たとえ、後で授業内容のプリントを配るとしても、授業時間中はノートをとる訓練をした方が、本人のためになる。ところが最近は、ノートをとらずに、ケータイで写して済ませてしまう学生も多いという。

後で述べる視覚空間型や視覚言語型の子どもでは、ただ話を聞いているのでは頭に残りにくいし、注意が散りやすいので、ノートをとるといった作業をすることが、集中を維持するのに役立つ。しかし、聞いた内容を整理しながら書きとめることは苦手であるため、話した内容を整然と板書し、それを書き写させるという方法が、まず基本になるだろう。

社会不安や対人緊張も訓練で克服できる

この女性が困難を覚えているもう一つの問題点、つまり、人前で緊張して、うまくしゃべれないということに対しても同じことが言える。こうしたタイプの子どもは、かなりの割合でいるわけで、そうした特性が社会に出てから大きな適応上の支障になりやすいことを考えると、学校時代から、その点を改善するためのトレーニングの機会をもっと増やすべきではないかと思う。それは、ある意味、学科の成績よりも社会での適応や自立を左右する課題なのである。

欧米では、ソーシャル・スキルズ・トレーニングやスピーチ、ディベートなどの訓練を学校の授業の一環として取り入れているところが少なくないが、そうした取り組みが日本でももっと必要に思える。

日本の教育現場で起こりやすいのは、そうしたことが得意な子ばかりがトレーニングの機会を独占し、苦手な子はますます苦手意識をもつという状況だ。そうではなく、どの子にも訓練の機会が与えられることにより、苦手意識や個人間の格差も是正し、誰もがきちんと自分の考えや気持ちを伝えられる人間に育っていくことが重要なのである。それが、本来の自立の土台となるからだ。

一人ひとりの子どもが安心して、のびのびとそうした取り組みができるためには、早い段階から、みんなが一人ひとりの子どもの意見に耳を傾ける共感的なマインドを育《はぐく》んでいくことも重要になる。それが可能となるためにはどうすればよいかという点で、後で見ていくオランダやフィンランドなどでの教育は多くのヒントを与えてくれる。

人前で話したりすることに困難が大きい子どもが万一いたとしても、それを早期に発見し、教師だけでなく、臨床心理や発達の専門家チームが加わって、改善のための方法を模索することで、より有効な手だてがとれるだろう。きちんとした体制があれば、さほど困難なことではない。ことに、人格の固まっていない柔らかな脳をもつ時期であれば、改善の余地は限りなく大きい。苦手なことを得意なことに変えることさえ可能なのだ。

ところが、現実の学校での体験は、社会不安や対人緊張を強める方向に働くことはあっても、それを改善し克服する方向には、あまり機能していない。それは、社会不安や対人緊張を改善・克服することが学力に劣らず重要な課題であるという視点や方法がないからである。

だから、実際のところ、そうした課題を抱えた子どもは、社会に出たときに他の面で秀でた能力をもっていても、その点でつまずいてしまう。学校教育の場に、そうした訓練の仕組みを少し取り入れるだけで、改善や克服のチャンスとなるのに、その機を逸してしまうのである。何とも、もったいないことではないか。

こうした取り組みが行われにくいのも、日本の教育があまりにも画一的な内容や方法に縛られているとともに、子どもの自立にとって何が大切かという点を見損なっているためだと思われる。

子どもに必要なものが大きく変化している

このように子どもの能力というのは、非常に多様な要素から成り立つし、その子が抱える課題もさまざまである。子どもの特性やニーズは一人ひとり異なっているが、同時に、共通する課題を抱えた子どもは一定の割合で存在している。先ほどの例で言えば、文章を書くのが苦手な子も、話を聞き取るのが苦手な子も、人前で緊張してうまくしゃべれない子も、それぞれ何割かはいるのである。

ここで紹介したようなケースは、決して特別な事例ではない。また、こうしたことは、発達障害を抱える特別な子どもだけの問題でもない。どの子も、強い点もあれば、弱い点もある。その子の特性に合った教育が施されれば、強い点をさらに伸ばし、弱い点を克服し、一人ひとりが自信をもって社会で活躍することができるが、逆に、特性に配慮しない画一的な教育しか与えられなければ、弱い点は劣等感になり、自己否定ばかりを強める結果になりかねない。自分が評価され、生かされないことへの不満や怒りをためながら、社会にもうまく適応できなくなってしまうことも起きるのである。

その子の特性や課題が見落とされたり、手当てされなかったために、学校ではちゃんとやれていたはずなのに、社会では行き詰まってしまうというケースは枚挙にいとまがないし、社会に出る前の段階で、学校においてすでに不適応を起こしてしまうというケースも多数生じている。見かけ上、どうにか学校に通っていても、本当にその子の特性や可能性が十分に生かされていると言える子どもは、どれだけいるだろう。

その根底にある問題は、これほど激変した社会環境の中で、子どもたちに必要なもの、不足しがちなものも大きく変化しているのに、その点に配慮しないまま、従来の固定観念に縛られた教育に終始しているということだ。そうしたミスマッチを改善するためにも、その子の特性を踏まえた上で、強い面を伸ばし、弱い面を強化するという作業を的確に行っていくシステムを確立することが急務なのである。

昔から教師の間では、七五三という表現が使われているという。七五三とは、学校の授業についていくことができる子どもの割合を示したもので、小学校では七割、中学校で五割、高校では三割だというのだ。学習内容を理解できなければ、当然、授業時間は苦痛になり、関心や意欲も低下する。

つまり、中学校で言えば、だいぶ以前から半分くらいの生徒が落ちこぼれることがわかっていても、そのやり方で教育を行うしかなかったことになる。しかし、授業を理解できない子どもにとって、それは無意味な時間どころか、自分の無能さと劣等感を心に刻みつけられる体験で終わってしまいかねない。

なぜ、そんなことが続けられてきたのか。そこには、子どもたちの特性や個別の事情を無視した、日本の画一的な教育システムの問題がある。親や教師一人ひとりの努力では、どうすることもできない仕組みの問題があるのだ。子どもの特性を無視した画一的な内容というだけでなく、画一的な教育方法にも問題がある。子どもの特性や事情は大きく異なっているのに、同じ内容を同じ方法で教えることが、当たり前だと思い込んできたことに、決定的な誤りがあるのだ。

それが、結局は、子どもが社会に出たときに、現実の課題に太刀打ちできず、ひきこもってしまったり、定職や伴侶を獲得し、独立を達成するということが困難になったりすることにもつながっている。

それどころか、学校に通う訓練期間においてさえも、不適応を起こす子どもが少なくない。小中学校の不登校はおよそ十二万人。しかし、これには、相談室登校や病欠を繰り返している子どもなど、少しでも学校に通えている子どもは含まれないため、潜在的な不登校は、それよりはるかに多い。

また、高校の中途退学者が毎年八万人程度おり、特に高校一年生で多く、中退率が5パーセントに迫る都道府県もある。苦労して高校に入ったものの、学校に合わずに辞めてしまう子どもがかなりいることになる。そうした子どもは、通信制などに行くしかないのが現状である。

しかし、それは氷山の一角であり、七五三で言えば、七割の高校生がよく理解もできない授業を、卒業するために仕方なく受けているということになる。人生でもっとも吸収力の高い貴重な時間が、なんと無駄なことに費やされてしまっているのだろうか。それで、将来、国が栄えたら、そちらの方が驚きである。

どうしてそんなことになってしまうのか。そこからも、硬直化し、何十年も前に、すでに子どもたちのニーズとズレを起こしてきている日本の教育システムの問題が見えてくるのである。

凋落し続ける日本の学力レベル

子どもの特性を理解し、それに合わせた対処が将来の自立を大きく左右する。

脳の発達が止まる十八歳をすぎた年齢になってから、自分の能力の欠陥に気づかされ、途方に暮れるのではなく、もっと早い段階から、強みになる部分と強化が必要な課題をきちんと踏まえて、子どもが実際に社会に出たときに困らないという視点で育てていくことが求められるのだ。そのためには、学力は総合的な能力の一部にすぎず、学力だけを問題にしたのでは、本質的な解決にならないということも念頭に置いておく必要がある。

ＯＥＣＤ（経済協力開発機構）が二〇〇〇年以降、三年ごとに行っている国際的な学力テストＰＩＳＡ（Programme for International Student Assessment）では、教育を、「誰もが社会で使う能力を育てること」と規定し、単なる知識ではなく、自分で考え、判断し、それを伝えたり、実行したりする能力を重視しているのが特徴である。

第一回のＰＩＳＡ２０００では、日本は、数学で世界一位、科学で二位という好成績だったが、読解力は八位と伸び悩んだ。三年後のＰＩＳＡ２００３では、科学は二位を維持したものの、トップだった数学も六位に大きく後退、読解力は十四位と低迷し、教育界に衝撃が走った。さらに二〇〇六年のＰＩＳＡ２００６においては、数学が十位、科学も六位まで後退、読解力は十五位と凋落ぶりが目立った。

こうした危機感から、テコ入れが行われ、２００９年のＰＩＳＡ２００９では、読解力は八位、数学は九位、科学は五位と幾分持ち直し、関係者はほっと胸をなでおろした。朝読書などの取り組みが地道に続けられたことも、読解力の改善につながったと考えられる。ただ、その中身をもう少し詳しく見ると、日本の教育の問題点が、如実にあぶりだされる。つまり、読解力の中でも、「情報へのアクセス・取り出し」は比較的優秀な一方で、「統合・解釈」や「熟考・評価」の能力で低くなっているのだ。つまり、情報を統合し、考える力が弱いのである。

OECD生徒の学習到達度調査（PISA）

2000年	読解力	数学的リテラシー	科学的リテラシー
1位	フィンランド	**日本**	韓国
2位	カナダ	韓国	**日本**
3位	ニュージーランド	ニュージーランド	フィンランド
4位	オーストラリア	フィンランド	イギリス
5位	アイルランド	オーストラリア	カナダ
6位	韓国	カナダ	ニュージーランド
7位	イギリス	スイス	オーストラリア
8位	**日本**	イギリス	オーストリア
9位	スウェーデン	ベルギー	アイルランド
10位	オーストリア	フランス	スウェーデン

2003年	読解力	数学的リテラシー	科学的リテラシー
1位	フィンランド	香港	フィンランド
2位	韓国	フィンランド	**日本**
3位	カナダ	韓国	香港
4位	オーストラリア	オランダ	韓国
5位	リヒテンシュタイン	リヒテンシュタイン	リヒテンシュタイン
6位	ニュージーランド	**日本**	オーストラリア
7位	アイルランド	カナダ	マカオ
8位	スウェーデン	ベルギー	オランダ
9位	オランダ	マカオ	チェコ
10位	香港	スイス	ニュージーランド
	日本（14位）	—	—

2006年	読解力	数学的リテラシー	科学的リテラシー
1位	韓国	台湾	フィンランド
2位	フィンランド	フィンランド	香港
3位	香港	香港	カナダ
4位	カナダ	韓国	台湾
5位	ニュージーランド	オランダ	エストニア
6位	アイルランド	スイス	**日本**
7位	オーストラリア	カナダ	ニュージーランド
8位	リヒテンシュタイン	マカオ	オーストラリア
9位	ポーランド	リヒテンシュタイン	オランダ
10位	スウェーデン	**日本**	リヒテンシュタイン
	日本（15位）	—	—

※文部科学省HPより

2009年	読解力	数学的リテラシー	科学的リテラシー
1位	上海	上海	上海
2位	韓国	シンガポール	フィンランド
3位	フィンランド	香港	香港
4位	香港	韓国	シンガポール
5位	シンガポール	台湾	**日本**
6位	カナダ	フィンランド	韓国
7位	ニュージーランド	リヒテンシュタイン	ニュージーランド
8位	**日本**	スイス	カナダ
9位	オーストラリア	**日本**	エストニア
10位	オランダ	カナダ	オーストラリア

他方、数学や科学では、低落に歯止めがかかったとはいえない状況で、理系離れを反映した結果だとも言えるだろう。技術立国日本としては、由々しき事態である。

ＰＩＳＡの学力テストで日本の子どもたちが抱える弱点として露呈した問題は、知識といった静的な学力ではなく、理解したり、考えたり、説明したりという動的な学力が弱いということである。動的な学力は、知識詰め込み型の勉強をすれば身につくというものではない。むしろ、問題解決能力や統合能力に左右される。

問題解決能力は、課題の意味を理解し、試行錯誤しながら解決法を見つけ出していく能力であり、知識を暗記するという受け身的な学習では身につかない。自分で調べてみたり、考えついた方法をあれこれ試してみたりといった、主体的で、模索的な学習が必要なのである。

もっとも、ペーパーテストである以上、ＰＩＳＡの学力テスト自体にも限界があり、真の問題解決能力が必ずしも正確に評価できるわけではない。問題解決能力自体より、読解力の関与が大きくなることも指摘されている。より実践的な問題解決においては、統合能力や社会的スキルの関与がずっと大きくなる。その点も加味して評価したとすれば、もっと顕著な低下が起きているのが、わが国の現実だろう。

統合能力は、先にも述べたように、遊びや社会的体験やチームワーク、スピーチや討論や作文といった、日本ではあまりテストや成績の対象にならない取り組みによって培われる。

学力低下だと言って浮き足立ち、全国学力テストを始めたりするさまは、その中身を理解していないことの表れである。何が問題であるかを取り損なって、いっそう見当違いな方向に対応がなされてしまいかねない状況である。

実際、テストなどほとんど行われないフィンランドが、ＰＩＳＡの学力試験では世界トップ・スリーの座を維持しているのに対して、全国学力テストを導入したイギリスは、二十位台まで順位を下げ、学力低下にあえいでいる。点数ですぐ測れるような表面的な学力ではなく、どの子どももその子の特性を生かし、社会に出たときに、ちゃんと自立できる準備が進められる教育こそが、今求められているのである。PISAとして定められた学力基準に謳《うた》われた学力とは、まさにそうしたものなのである。

その意味で、スイスやオランダ、ドイツなどは、PISAにおいて世界トップレベルの学力というわけではないが、若者の社会的、経済的自立という点ではうまくいっている。点数では測れない、もっと重要な要素があると思われるが、そこには、教育システムの違いもかかわっていると考えられる。

また、PISAの学力テストが明らかにしたわが国の問題点の一つは、二〇〇三年以降、成績下位層の割合が急に増えたことである。それは、とりもなおさず、授業についていけていない子どもがその頃を境に急増し、学力格差が広がったことを意味している。それに対して、フィンランドでは、上位層が厚いだけでなく、レベル1およびレベル1未満の下位層が著しく少ない。近年台頭著しい上海（中国）、香港、韓国といった新興アジアの国や地域でも、上位層が厚いだけでなく、かつ下位層の割合が小さく、落ちこぼれる子どもが少ないことを示している。わが国の成績最下層（レベル1未満）の割合は、若干改善傾向にあるが、フィンランドや韓国に比べると、数倍の高さである。

第2章

特性を無視した教育の悲劇

人にはそれぞれ得意な情報処理の仕方がある

前章で見てきたように、子どもの特性は多様であり、強みとなる点やもち味もそれぞれ個性があるし、抱えている問題も一人ひとり違う。

その多様な特性に、子育てや教育がうまく対応できるかどうかが、その子を伸ばせるか、潰《つぶ》してしまうかの分かれ目である。ひいては、それは自立が達成できるかどうかを左右することにもなる。

そうした特性が教育の方法にとりわけかかわってくるのは、子どもたちの情報処理の特性が子どもによって大きく異なるからである。

発達障害や知能の研究は、子どもの能力にはしばしば非常に大きなバラつきや偏りがあり、一人ひとり、まったく特性が異なることを明らかにしてきた。それぞれの子どもには、得意な情報処理の仕方と苦手な情報処理の仕方があるのだ。それは、特別な「障害」をもった子どもだけの話ではなく、すべての子ども、すべての大人で、その人その人によって得意とする情報処理の方式が違うのである。

例えば、「視覚空間型情報処理」と呼ばれるものがある。転がってきたボールを蹴《け》ったり、狭いスペースを自転車で走り抜けたりするとき、視覚空間型の情報処理が活発に行われている。このタイプの情報処理に長《た》けている人は、巧みにタイミングをとって反応したり、バランスをとりながら体を動かしたりするのが得意である。

視覚空間型とともに、もう一つ人類で特徴的に発達してきた情報処理が、「言語型情報処理」だ。その中でも、進化的に先に獲得されたのが、「聴覚言語型情報処理」である。そして、最後に獲得されたのが、文字言語による情報処理であり、「視覚言語型情報処理」である。

実は、これまで視覚空間型と言語型という分類しかなく、そのため、しばしば混乱が生じてきた。言語優位といっても、文字言語の情報処理に強い人と会話言語の情報処理に強い人では、明らかに特性が違う。文字言語に強い人を視覚空間型と混同したりすることも起きた。そうした事態に対して、言語型を二つのタイプに分けることで、知能の特性を非常にすっきりと理解できることがわかってきて、筆者が初めて明確な形で導入したものである。

聴覚言語型情報処理に長けた人では、会話をスムーズに行い、おしゃべりを楽しむことができる。あまり論理的ではないが、あいまいな状況でも相手の意図を察することに優れ、共感や情緒的反応も豊かである。

一方、視覚言語型情報処理に長けた人では、会話よりも文章言語を扱うのが得意で、法則化したり、理論的、図式的に物事を理解したりするのを好む。その反面、意味のあいまいな会話は苦手とする。

　こうした特性には生物学的な基盤があり、ちょうど身長が高いとか低いとか、長距離が得意か短距離が得意かといったことと同じように、その人に備わったいわば天賦《てんぷ》の特性である。それは、ある程度訓練によって補ったり、代替的な方法で差異を克服したりすることはできるが、そのままの状態では、厳然とした違いとして、乗り越えがたく立ちはだかるのである。

三つのタイプによって学び方が違う

　近年、その人の情報処理の特性によって、その人に適した教育の方法が異なることが明らかになってきた。冒頭から、二、三紹介したケースの悲劇は、ある意味、その人の特性に関係なく、画一的な内容と方法による教育が行われてしまったことによると言える。

　子どもの脳は、大人の脳とは比べ物にならない、高い可塑《かそ》性を備えている。早い段階から継続的なトレーニングを行っていけば、少しくらいの劣勢は十分巻き返せるし、苦手な面がかえって強化されて、得意になるということも珍しくない。しかし、ここで重要なのは、その子の特性に合った方法でトレーニングが行われるということである。誰にも同じ方法で、あるいは、同じ目標にこだわって訓練を行ったのでは、特性の違いによるハンディにより、有利不利が著しくなってしまう。

例えば、走ること一つをとっても、長距離が得意な子と短距離が得意な子では、伸ばすべき目標も訓練の仕方も違っていて当たり前である。ところが、ことが学習となると、なぜか同じ目標と方法を、どの子にも課してしまう。合わないことを、しかも、合わない訓練方法でやらされる子どもはたまったものでない。

子どもの特性をとらえる上で、視覚空間型、聴覚言語型、視覚言語型に分けて考えることは実践的にも有用である。これからの議論の中でも、この三つのタイプにしばしば触れることになるが、あくまでも、それは議論をわかりやすくするためでもあると考えていただきたい。子どもには、さまざまな特性があり、この三つの情報処理のタイプだけでは、到底語り尽くせない、多様なひだをもっているのは言うまでもない。

しかし、大ざっぱな視点として、この三つのタイプを念頭に置いておくことは、子どもの特性をとらえる上で大いに理解の助けとなるだろうし、指針が立てやすい。

なぜ男子生徒はクラスで孤立したのか

例えば、一人の中学生のケースで考えてみよう。

中学二年生の男子生徒が、最近、学校を休んだり、昼頃から登校したりすることが増えているというので、相談を受けたケースである。

話を聞いてみると、いくつか問題が浮かび上がってきた。一つは成績の不振で、授業にまったく集中できていないということである。もう一つは、不用意な発言をしては周囲とトラブルになり、クラスで孤立しているということである。運動部に所属して、スポーツをすることが少し息抜きになっているようだが、部活でも周囲とトラブったことがあり、以前ほど楽しそうではないという。

担任の先生は熱心にかかわってくれているのだが、指導されると余計反抗的になったり、ふて腐れたりして、イライラすることが増えているようだ。

実際会ってみると、人懐《なつ》っこく純朴な感じの少年で、少し幼いところはあるものの、社会的認知や共感性に深刻な問題は認められなかった。

知能検査をしてみると、総合的な知能は平均的であることがわかった。ところが、動作性IQが一一〇近くあるのに対して、言語性IQは九〇を切っていた。実行機能（遂行機能ともいう）を反映する処理速度は、一一〇台半ばとかなり優秀である。実行機能とは、課題処理を効率よくこなす能力である。

これらの結果から、典型的な、動作性（視覚空間処理）優位‐言語性劣位なタイプだということが言える。つまり、手を動かして物事を処理する能力は高いが、言葉や数字を使いこなす能力には、あまり恵まれていない。この知能のパターンは、従来型の非行少年にも典型的に見られるものである。このケースも、対応の仕方を誤り、自分の特性を理解してもらえないと、不満や苛立《いらだ》ちをため、非行という方向に向かう危険もあると考えられた。

その一方で、知能検査の結果が示していることは、劣等感の塊のようになっているこの中学生の場合も、人よりもかなり優れている能力をもっているということである。しかし、その部分は、あまり評価されることも、生かされることもなく、ただ、「勉強ができない」「トラブルばかり起こす問題児」とみなされてきたのである。

適応に問題を起こしてきているということは、その子の特性が現状では生かされていないということである。注意障害があり、ワーキングメモリーがやや低いにもかかわらず、実行機能は高いという特性を、「手仕事をする」「物をつくる」「ワープロを勉強する」といった作業的な課題などでもっと生かされ、評価されていれば、本人の気持ちも違っていただろう。しかし、そうした機会もなく、劣等感を強めさせ、攻撃的な言動に走らせてしまっていたわけだ。動作性優位な子にありがちなことだが、衝動的で、ブレーキが弱い傾向が認められる。相手の気持ちがわからずにというよりも、ついそのときの感情で、周囲を苛立たせることを言ってしまうのである。これも、このタイプの子によく見られることである。ことに、周囲から孤立すればするほど、そうした反発を招く行動が増えてしまう。

視覚空間型の子どもの特性

先ほど述べた、得意とする情報処理という観点で言えば、体や手先を動かすことに長けたこの中学生は、「視覚空間型」ということになる。

視覚空間型の子どもは、目で見て、瞬間的に処理するのが得意である。しかし、長時間何かをじっくり考えるということは苦手だ。また、話を聞いたりするのも、集中が続かない。すぐに気が散るか、眠くなってしまうのだ。言葉で、自分の考えや気持ちを表現するのも苦手なために、つい暴力的になることもある。言語的に考えられないので、計画性も乏しく、場当たり的、衝動的に行動しがちである。

視覚空間型の子どもでは、じっと座って授業を聞くということは、そもそも体質に合わない。体を動かして、実際にやってみるという実技型の学習が向いている。ただ、まったく不可能というわけではない。こういうタイプの子も、授業の方法を工夫することで、集中しやすくなる。

例えば、説明の時間をできるだけ短くして、実際に手を動かして、自分でやってみる時間を増やす。説明をしても、大抵、頭に入っていないので、そのことを前提にアドバイスしていくことも大事だ。

また、このタイプの子どもは、体を動かしていないとビジランス（覚醒度）が下がりやすいため、ビジランスを高める工夫が必要になってくる。注意を刺激する必要があるわけだ。

私が高校生だったときのこと、世界史と日本史の授業があった。そのとき、日本史の先生の授業はとても人気があった。普段は授業にうわの空な生徒も、目を輝かせて取り組んだ。それまで日本史に興味があまりなかった生徒も、めきめき進歩したのである。

片や、世界史の先生は、とても熱心に丁寧に教えてくれるのだが、半分くらいの人がよそ見をしたり居眠りをしたりしていた。

日本史の先生はどういうことをやったかといえば、仕掛けは実に単純であった。授業が始まると、細長く切ったわら半紙を配って、十問クイズ形式の質問をするのである。ただ、その質問が選りすぐってあって、どれも答えられそうで答えられない。それで、一気に生徒の注意力を上げておいて、授業に入るわけだ。授業もだらだらと細かい知識を羅列するのではなく、何が肝心かというところに絞って話をし、脱線するところは、思いっきり脱線するという具合で、非常にメリハリがあった。

一方、世界史の先生は、何もかも細かく説明してくれるのだが、情報量が多すぎて、一体何を聞いたのか、聞けば聞くほど頭が混乱するという具合で、ついには眠くなって居眠りしてしまう。

視覚空間型の子どもではなおさらである。クイズ形式やゲーム形式の導入でビジランスを高めながら、また、説明を聞く時間と手を動かす時間、息を抜く時間の配分に気を配らねばならない。

学生時代には、とかく問題を抱えがちなこのタイプの子は、実社会に出て仕事をするようになると、力を発揮することがしばしばである。ところが、学生時代に劣等感を刻まれてしまって、自分はダメな人間だと思い込んでしまうことが多い。それによって、反抗的になったり、非行に走ることで、自分の存在価値を示したりするという悲しい状況を生んでいる。

まず応用ありき

物事を習うには、まず基礎があって、その上に応用があるというのが、学問の成り立ちというものである。数学や物理が理解できて、機械や建築といった応用技術も理解できるというのが、通常の学習の仕方である。したがって、基礎となる数学や物理の知識を、まず、しっかり習うことが大切だということになる。これは、まったくの正論であるが、誰にでも当てはまるわけではない。実は、人間の頭は、みんながみんな、まず基礎があって、応用があるという具合にはできていないのだ。視覚空間型の子どもの場合は、まず応用ありきなのである。

スイスの発達心理学者ジャン・ピアジェの有名な知能の発達理論によると、知能は具体的操作段階から形式的操作段階へと、つまり具体から抽象へと発達していくとされた。ところが、基礎というのは、しばしば抽象的なものなのである。

視覚空間型の子に、基礎からまず習えと、数学や物理を教えていると、もうそこでチンプンカンプンになってしまって、ドロップアウトしてしまう。ところが、応用から入れば興味をもち、しっかり技術を覚えることも、使いこなすこともできる。実践の中で仕事を覚え、優秀な大学を出ている人にも到底真似のできない優れた技術者になることも珍しくない。応用をやっているうちに、やがて基礎の方にも関心が広がり、基礎を後で理解するようになるということもある。

つまり、まず基礎科目の五教科（国語、数学、英語、理科、社会）をしっかりやって、それができてから応用技術という順番を課している限り、このタイプの子どもたちの受難は、永遠に続くことになる。

このタイプの子どもたちがスムーズに学習できるためには、実践の中で仕事を覚えていくように、応用や実践から入る教え方をしていく必要があるのだ。

視覚空間型の子どもに適した指導の仕方

このタイプの子どもを指導する場合のポイントは、細かいことを言葉で説明しても伝わらないということである。全体のイメージをざくっと感覚的に伝え、後は実践で具体的に学ばせた方が効率がよい。

このタイプの一人に、長嶋茂雄さんがいる。

「球がこうスッと来るだろ。そこをグゥーッと構えて腰をガッとする。後はバアッといってガーンと打つんだ」と長嶋語で説明されても、常人にはちっともわからないが、そういうイメージとか感覚で物事をとらえた方が、このタイプにはしっくり来るわけだ。それをもっと理論的に言わせようとすると、せっかくの個性が失われてしまう。

抽象的な内容が増える中学以降、このタイプの子どもたちは、まったく学習内容についていけないということが起きてくる。しかし、その場合でも、その子に合った適切な方法で教えられると、格段にのみ込みがよくなる。

根本的には、このタイプの子が救われるためには、従来のような授業のあり方や五教科に偏った学習内容やその方法をすっかり変える必要があるだろう。しかし、現実問題、そんなことはすぐにできないわけで、できたとしても、その頃には、この子どもたちは大人になっているだろう。したがって、今できる最大限のことは、この子どもたちの自信をなくさせないようにすることである。五教科的な学力にばかり目を奪われるのではなく、彼らがもっている優れた点を認めて、そこを伸ばしてやることである。

ヨーロッパでは、中学の段階から職業的な訓練を意識したコースがあり、むしろそちらに進む子も多いわけだが、日本でも、そうしたコースを選択できるようにすることや、実技的で、実践的な選択科目を増やすなどの対応ができないものだろうか。というのも、今の普通教育の学習内容は、ともすると大学に進学する人に照準を合わせた内容になっているからだ。

ヨーロッパの一部の国のように、大学まで学費が無料というわけでもない。格差が広がる中、経済的事情で進学を諦《あきら》める子も増えている。そうした子どもにとって、本当に社会で生き抜くのに必要な力を養うために、教育が役立っていると言えるだろうか。助けにならないどころか、自分は劣っているという烙印《らくいん》だけを押されて、社会に出されることは避けたいものである。

雇用状況や経済状況が厳しくなればなるほど、教育が提供するトレーニングが、子どもたちの特性を生かし、最低限の職業的な技能や社会的スキルを限られた時間と資財の中で効率よく身につけさせることも求められる。そうした観点から見ると、何割かの子どもにとって、現在の中等教育は、その子を生かす教育ではなく、その子をおとしめる教育にさえなっているのかもしれない。特に視覚空間型の子どもは、そうした状況に陥りやすいのである。

視覚空間型の子に説教は通用しない

このタイプの子は、行動的で、行動しながら学ぶという特性をもっている。彼らをただおとなしくさせようとすることは、レーダーのアンテナの回転を止めろと言うようなものである。動き回ることで、彼らは情報を取得し、学習するという特性をもつのだ。それを止めてしまっては、優れた機能も失われてしまう。

　では、そわそわ動き回るのは仕方がないので、放っておくしかないのかというと、そういうことではない。彼らも、自分が本当にやりたいことをしているときには、何時間でも熱中していられる。また、適切に訓練すれば、行動や欲求を律する力もついてくる。彼らが、社会に出たとき、失敗せずにやっていけるためには、ある程度、感情や行動をコントロールする忍耐力をつけておく必要がある。

　視覚空間型の子に、言葉で説教したり、言葉で、決まりはこうなっていると、いくら説明したりしたところで、あまり効果はない。視覚空間型の子が、それを身につけるには、行動することで覚えさせることが肝心だ。そのためには、行動を一つの形式にしていくと、うまくいきやすい。

　このタイプの子を扱いなれた組織、例えばスポーツチームや道場において、挨拶や号令といったことが重視されるのは、そのためである。儀式的とも言える「型」や規律が重要なのだ。一日の日課を視覚化・空間化して明示し、一目でわかるようにすることも有効だ。

　ただし、規律が行きすぎてしまっても、弊害《へいがい》が起きる。このタイプの子は、主体的な行動力に富み、縛られすぎることを本質的に嫌うからである。規律と同時に、主体性が尊重されることも大事なのだ。

スポーツなどの活動を通して、忍耐力や自己統制力を養うことは、このタイプの子にはとても合っている。実際、視覚空間型の子どもは、スポーツやグループ活動を通して、しばしば人格の基礎を築く。そうした活動に出会って、別人のように変わったというケースも少なくない。

視覚空間型の子は報酬依存性が高いので、まめに小さな褒美《ほうび》を与えることが効果的だ。ただし、与えすぎないようにすることもポイントだ。報酬によらない役割も与えて、家族や仲間のために役立つという意識を育てる。報酬依存性ばかりが強まっても困るからだ。

視覚空間型の子は攻撃されると反撃しようとする本能が強く、厳しく叱りすぎると反抗的になりやすい。自分の気持ちや理由を言葉で表現するのが苦手である。だから、悪いことをしたときこそ、頭ごなしに怒るのではなく、じっくり話を聞いてやるとよい。そして、自分なりの言葉で、そういうことをしてしまったときの気持ちや理由を話させるのだ。それによく耳をかたむけた上で、もっとほかによい対処の仕方はなかったか、聞いてみよう。こうしておけばよかったと言えれば、今度からそうしてみようなと語りかければよい。

こうして行動について振り返ることが、叱ることよりも行動をコントロールすることにつながるのである。

聴覚言語型の子どもの特性

次に取り上げるのは、聴覚言語型である。このタイプについては、特別に例を挙げなかった。というのも、現代の教育は、このタイプの人にとっては比較的困難がないのである。このタイプは、聞いて理解するタイプである。会話言語に強く、言葉の感覚も優れていて、会話を楽しめる。会話の機微を解し、聞いた言葉もよく覚えている。このタイプの人が学習する場合には、自分で本を読んで勉強するよりも、誰かに教えてもらうというほうが頭に入りやすいのだ。つまり、現在広く行われている講義形式の授業に向いているわけだ。

相手の気持ちを理解したり、場の空気を読み取ったりするのも得意である。したがって、コミュニケーション能力に優れ、特に相手の話に耳を傾けたり、共感したりすることにも長けている。

このタイプの難点は、映像や空間的な処理が苦手ということである。地図が読めない、空間図形がわからないということや、絵画なども、立体感のある絵を描くのは苦手である。このタイプの人が描く絵は物語的で、そうしたよさを発揮することもある。

また、論理的で厳密な議論や記号を用いた抽象的な内容を扱うのは、あまり得意でない。このタイプの人は、論理的な説明にあまり興味を感じない。理屈っぽいことは、非現実的な絵空事にしか思えないのだ。それよりも、具体的で、身近な話に興味をそそられる。したがって、このタイプの人を飽きさせないためには、抽象的な話ではなく、常に身近な具体例で話を展開する必要がある。

例えば、連立方程式を説明するのに、いきなり、xだのyだの言われても、あまり頭に入ってこないが、「今、この財布の中に、硬貨が七枚入っています。合計金額は二百五十円です。財布の中の硬貨を当ててみなさい」と言えば、ぐっと身近に感じて、考えてみようという気になる。まず具体的に考えてから、それを抽象的な記号に置き換えると、その意味が頭に入りやすくなる。そうした点では、視覚空間型にも共通するところがある。ただし、視覚空間型の場合には、言葉で説明するだけではイメージされにくいので、もっと図や絵や具体的な事物（この場合であれば、お金や財布）を用いる必要がある。

抽象的な言葉が出てくるたびに、それを会話レベルの言葉で説明し直す必要がある。その努力を怠らなければ、この先生の話はわかりやすいという評判を勝ち得ることができるだろう。

最近、すっかり評判になったハーバード大学のマイケル・サンデル教授の哲学講義は、一つの抽象的な哲学概念を説明するのに、いくつもの、具体的で興味深いエピソードを用意し、抽象的な概念を、生き生きと理解できるように巧妙な仕掛けが施されている。

ところが、大抵の専門家というのは視覚言語型の人が多く、大学の先生や学者にも、このタイプが少なくない。このタイプは、何でも論理的に、抽象的な言葉で説明しようとする。あたかも、抽象的な言葉に言い換えれば、何かを説明したかのように思うのである。抽象的な言葉をありがたがって、たくさん知っているのだが、現実の問題の解決にはあまり役に立たない。聴覚言語型の人は、論理的な理屈を並べられてもさほど感動しないし、視覚空間型の人にとっては、退屈な代物でしかない。

視覚言語型の子どもの特性

三番目は、視覚言語型である。このタイプは文字言語には強いが、会話は苦手というタイプである。詩的な作品はさっぱりわからないが、論理的な文章は頭に入りやすい。具体的なものより抽象的な概念を扱うのが得意で、物事を論理化や図式化して理解するタイプである。分析するのは得意だが、自分でオリジナルなものをつくり出すのは苦手である。特に、自由に何か話してくださいなどと言われると困ってしまう。論理的な手掛かりがないから、どう話を組み立てていいかわからないのだ。

記憶力がよく、ペーパー試験は強いので、学校の成績はよいということが多い。活字の虫、本の虫の人も多く、自分の興味のあることはよく調べていて、知識も豊富だ。

第1章で紹介した、自分で文章を書いたり、発表したりができない大学院生のケースは、このタイプの特性が生かせなかったケースだと言える。このタイプに見られがちな弱い部分が補われなかったために、極端に弱くなってしまったのだ。しかし、その部分をうまく鍛えてやれば、このタイプの人は、今、大いに活躍の場が広がっている。

このタイプでは、何事もルールを明白にして、構造化するということが有効である。説明する際には、論理的な因果関係をきちんと説明するということがポイントだ。ただ丸覚えするよりも、こういう理由で、こうなるという道筋の中で理解した方が覚えやすいし、応用が利く。

つまり細かい部分のロジックがきちんとしていないと、頭に入らないのだ。図式化して整理することも有効である。約束事は契約書のように書いて書面にするとよい。

文面にして、それを明記した方が頭がすっきりするのだ。

もう一つの特徴は、このタイプの人は演算型のコンピューターと同じで、一度に一つのことしか処理できないということだ。二つ以上のことを処理しようとすると、たちまちマヒ状態に陥ってしまう。視覚言語型の人では、一度に一つのことに集中し、順次こなしていくということを徹底した方が効率的である。

それに対して、視覚空間型や聴覚言語型の人では、複数の情報を並列処理するのにも強い傾向が見られる。学問的な厳密さは劣っても、感覚的で、あいまいな処理に強い。

視覚言語型の子は、スポーツなど体を動かすことにあまり興味がなく、そうした活動が苦手であるということが多いが、それも訓練不足から来るところが大である。このタイプの子も、その子の特性や好みに合ったスポーツであれば、熱心に取り組むことが多い。チームプレイが必要なものは概して苦手だが、陸上競技や水泳、格闘技、武術といった個人競技なら、練習次第でかなり上達することもある。忍耐力や欲求不満耐性を高めるのに、ぜひスポーツを活用すべきである。

MacとWindowsの違い

視覚空間型と視覚言語型の二つのタイプが出てきたが、その二つのタイプは、MacとWindowsの違いと言うこともできるだろう。

Macのアップル社を立ち上げたスティーブ・ジョブズは、後述するように、視覚空間型の人物である。彼は身体感覚的に考えるタイプで、プログラミングや回路設計も多少はできたが、そうした技術においては何ら特別な才能を有していたわけではない。しかし、通常の学問や技術ではとらえがたいセンスをもっていて、そこから、まったくオリジナルな発想を生み出したのだ。

一方、Windowsのマイクロソフト社を創立したビル・ゲイツは、典型的な視覚言語型の人物であり、プログラミングに天才的な能力を有していた。マイクロソフト社の基礎は、彼自身がつくったBASICやMS-DOSといったオペレーティング・ソフトのヒットによって築かれたものである。それが、Macの空間的操作性を取り入れたWindowsに発展するわけだが、それ以前のMS-DOSでは、文字通り命令文を文字で打ち込んでプログラムを走らせていたのである。

Windowsは、プログラマーがつくったOSであり、言語や数字を処理して動くものであったのに対して、Macは、プログラマー的でない発想で生み出されたものだと言える。Ｍａｃは、イメージや音楽といったものが言語や数字よりも主役であるという発想で生まれた。言語的な命令文にとらわれる従来のプログラミングからは生まれない発想だったのである。

いっせいに話を聞く時間は短く、自分でやる時間を長く

しかし、視覚空間型と視覚言語型には大きな共通点がある。それは、マイペースを好むということだ。主体的に行動することで、試行錯誤しながら学ぶのが性に合っている。先生の話をおとなしく聞きながら理解するというのは、どちらも体質に合わないのだ。

つまり、この二つのタイプに教えるときには、いっせいに話を聞かせて説明する時間はできるだけ短くして、自分でやる時間を長くとった方が効率的ということになる。最小限のことだけを要領よく説明し、後は自分でやってみて体得するというのが、時間を無駄にしないコツなのだ。

学力世界トップクラスのフィンランドでも、同じくテストもなし、宿題もなしでも、日本に劣らないレベルの成績を収めているオランダでも、教え方の共通する特徴は、みんないっせいに教師や黒板の方を向いて話を聞くということにあまり長い時間をか

けず、実際に自分でやってみることを重要視していることだ。

これは、子どもの脳の発達によく配慮された方法だと言える。幼い年齢ほど、長時間、人の話に集中することは難しいし、話を聞くだけで、何のことか理解できる子どもが少なくないのだ。ことに、視覚空間型の子どもは、手を動かした方が頭に入りやすい。実際にやってみて、わからないところを教え合ったり、教師が指導したりという方法が効率的だと言える。

視覚空間型の子は、自分でやってみなければ納得がいかないし、視覚言語型の子も、自分で読んだり、書いたり、パソコンをいじったりして学ぶことを好むのである。彼らの学び方は独学的であり、その意味では主体的である。

思春期ともなると、その傾向はいっそう強まることになる。自分が興味を感じるもの、自分がやりたいことに熱中する一方で、それ以外のものには食指が動かない。彼らの主体性は、画一的な教育によっては平たく押しつぶされてしまい、せっかくの凸《でこ》凹《ぼこ》が生かされにくい。

自分の時間割は自分で決める

日本では、授業というと、どうしても生徒全員が同じことに取り組まなければならないという強迫観念がある。しかし、フィンランドやオランダの教育では、そうしたこだわりは薄い。生徒たちは一人ひとり、自分だけの時間割を自分で決めて、学習していくという方法がとられることもしばしばである。つまり、みんなバラバラのことをするのが当たり前なのだ。

学習に集中できない子どもには、作業的なことをやらせるということも行われる。子どもによっては切り替えが難しく、やりだしたことをやめられずに、ずっと続けてしまうという場合もあるが、それを無理やりやめさせて、みんなと歩調を合わせさせるということはしない。ほかの人の迷惑にならない限り、自分でやりたいことをやらせるというのが基本なのである。

規律を重んじる人は、そうしたやり方で、一体、子どもの自制心や我慢する力が育つのかと危ぶむ向きもあるだろうが、実は、そちらの方が、子どもは自分から約束事を守るようになるのだ。そうした形態の教育においては、みんながバラバラのことをしているにもかかわらず、子どもたちは非常に整然と自分のことに取り組む。

子どもは、押しつけたり、強制したりするほど、頑固で、反抗的になるのだ。逆に自分のペースや関心を受け止められ、尊重されると落ち着いてきて、むしろ周囲とも和合的になる。

そういうことは、医療少年院の教育を見ていても、しばしば感じるところである。軍隊式に鍛えられると、ぱっと見には規律があって、落ち着いた集団のように感じられるが、実際には裏でいじめをしたり、腹の中に憎しみをためたりする。

それゆえ、私の勤務する医療少年院では、押さえつけるのではなく、自由な自主性を尊重している。各寮には家庭的な雰囲気があり、絶望的な表情で連れてこられた子にも、次第に明るい笑顔が見られるようになる。

例えば、学習時間にしても、時間の大枠は決まっているが、その時間をどう使うかは、各人の主体性と裁量に委ねられている。資格の勉強に励む者もいれば、受験勉強をしている者もいる。読書をしている者もいれば、作文を書いている者もいる。調子の悪いときは手が止まったまま、ぼんやりすごすときもある。それをいちいち責めたりはしない。存在を受け止められる中で、自然に自分の取り組むべき課題に目覚め、また自ら動きはじめるからだ。そこで無理強いしてしまうと、自発的な意欲というものが摘み取られてしまう。

その子の特性や課題によって、その子に必要な教育のあり方というものは根本的に異なるのである。

画一的な教育によってもっとも被害を受けているのは、視覚空間型のタイプだと言えるだろう。このタイプでも、例えば、スポーツなどに優れていれば、それで認めてもらえて、別枠でチャンスをつかむこともできる。しかし、その他大勢の子どもは、そうした特別な救済措置の対象にもならず、ただ不向きな方式で、関心をもちにくい内容を一方的に押しつけられるという状況に置かれてしまいがちである。

その結果、そうした子どもたちはひどい成績しかとれず、そのことで自信をなくし、劣等感を刻みつけられてしまう。もともと関心の乏しいことを聞いていなかったといっては叱られて、自分はダメな人間だという否定的な思いが上塗りされ固められていく。

このタイプにとって、現状の教育はまったく合わないものとなっているのだ。特に中学以降の段階においては、そのズレが著しくなり、彼らの多くは失敗体験をして、劣等感を強めるために学校に来ていると言っても過言ではない。それは、教育が本来目指すものと正反対の状況ではないだろうか。

彼らにとって、長い時間、じっと座って人の話を聞き、何かを学ぶということは、情報処理の特性からしても合わないのだ。同じ内容を、同じ方法で、全員に学ばせようとすることは、太った人も、痩せた人も、みんな同じサイズの服を着せようとするようなものである。特に一人ひとりの違いが大きくなってくる中学以降では、甚だしい無理が生じてしまう。

従来の子育て論と教育論の限界

これまでの子育て論や教育論では、子ども一般という話で、一律に同じ方針や方法の良否が論じられてきた。しかし、子ども一人ひとり大きく特性が異なるわけであるから、発達の仕方も、しつけの仕方も、学び方も違って当然なのである。一律に同じ方針を当てはめようとしても、うまくいく子もいれば、うまくいかない子も出てきてしまう。

これまでの子育て論や教育論は、おおむね、聴覚言語型の子に当てはまるものだ。聴覚言語型は、話して聞かせれば親の言うことを理解し、それに従ってくれる、素直なよい子が多い。

そして、言語の発達もスムーズで、状況を理解したり、コミュニケーションしたりすることにも長けているので、言って聞かせれば、親の言わんとしていることがすんなりと頭に入る。

しかし、そうでないタイプの子どもも大勢いる。その子たちは、今の教育の枠組みではすくい上げることが容易でない。

こうした問題は、特別な子どもの問題というよりも、すべての子どもに当てはまる問題でもある。子ども一人ひとりが、それぞれ特性や課題をもっている。それを補い伸ばせるかどうかが、その子にとって、学びの時間が豊かな成長の時間になるかどうかを左右し、最終的には、その子らしい自立を助けることができるかどうかにもつながる。そうした大きな目標を達成するためには、画一的な内容や方法に縛られた教育システムでは余計に難しいのである。

その子がどのタイプの特性をもっているか、大ざっぱに把握するためのツールとして、視覚空間型、聴覚言語型、視覚言語型の各タイプの特徴と問題点をまとめたチェックシートを掲げるので、活用してほしい。

「視覚空間型」チェックシート

特長

□ ① 行動的で、手や体を動かした活動を好む

□ ② じっと座って話を聞くのが苦手で、頭に入らない

□ ③ 言葉で学ぶより、体で感覚的に覚える

□ ④ 目で見て、瞬間的な反応や処理を行うのに長けている

□ ⑤ 理論や抽象は苦手で、実践や応用に関心がある

□ ⑥ 注意が散りやすく、新奇な刺激を求める

□ ⑦ 体感的で、オリジナルな感性をもつこともある

問題点

□ ① 五教科では成績不振に陥りやすい

□ ② 講義型の授業は集中できない

□ ③ 言葉の説明では、頭に入りにくい

□ ④ 衝動的で、暴言や攻撃的行動に走りやすい

□ ⑤ 口下手で、無愛想なため、周囲から誤解されやすい

□ ⑥ 押さえつけようとすると、反抗的になりやすい

□ ⑦ 学習障害を抱える子も多い

「聴覚言語型」チェックシート

特長

- □ ① 会話言語に強く、コミュニケーションが得意
- □ ② 聞き取り能力に長け、やり取りの機微を的確に把握できる
- □ ③ 相手の気持ちや場の空気を察することに優れる
- □ ④ 共感性や情緒的反応が豊かで、友達ができやすい
- □ ⑤ 抽象的な理屈よりも、具体的で身近なことに関心
- □ ⑥ 本で勉強するより、教えてもらった方がよく頭に入る
- □ ⑦ 物事を論理ではなく、人間的な感情や物語で理解する

問題点

- □ ① 論理的な議論や記号を用いた抽象的な内容は苦手
- □ ② 映像や空間的な処理が苦手
- □ ③ 気分や感情に押し流されやすい
- □ ④ いくぶん受動的で、相手を優先しすぎる場合がある
- □ ⑤「いや」と言えずに、トラブルに巻き込まれることがある

「視覚言語型」チェックシート

特長

- □ ① 文章言語や数字、記号を扱うのが得意
- □ ② 具体的なものより、抽象的な概念に強い
- □ ③ 分析が得意で、物事を論理化、法則化、図式化して理解
- □ ④ マイペースを好み、対人関係は不器用で消極的
- □ ⑤ 自分の興味に熱中する一方で、それ以外のことには無関心
- □ ⑥ 細部へのこだわりや完璧志向が強い
- □ ⑦ 学生時代、成績がよいことが多い（特に理数系、語学）

問題点

- □ ① 意味のあいまいな会話や詩的な表現は理解できない
- □ ② 感情的なニュアンスが読み取れず、無神経な発言をしてしまう
- □ ③ 理屈は得意だが、現実の問題解決や身近なことは苦手
- □ ④ 社交性が乏しく、くだけた、気のおけない会話ができない
- □ ⑤ 手先や体の動きが不器用で、運動も苦手な傾向
- □ ⑥ 一度に二つのことができず、実践面では滞りやすい
- □ ⑦ 筋道や理屈にこだわり、納得できないと頑《かたく》なに抵抗する

第3章

子どもの特性を生かすことが、自立につながる

視覚空間型、聴覚言語型、視覚言語型は、それぞれ得意とする情報処理の仕方が違う。それが学び方の違いになり、ひいては職業選択や自立の仕方の違いともなって現れてくる。

子どもの将来を見据えた対応をする上で、その子が、どのようにして自立を遂げていくのかということに、ある程度見通しをもっておくことは、その子にどういう教育を授けるかを考える上で重要である。

この三つのタイプを見ていくと、それぞれのタイプによって、自立の仕方にも特徴的な傾向や共通点があることに気づかされるだろう。結局、うまく自立を遂げた人は、自分の特性をうまく生かすことができた人だということにも気づかされるはずだ。

①視覚空間型の子の自立

視覚空間型の子は、体を動かして動き回るのが好きだ。学校では、しばしば問題児扱いされたりするが、実社会に出ると、有為な人材となることが少なくない。視覚空間型の子は、視覚的な能力や空間運動能力を生かした仕事で優れた能力を発揮する。大工、タイル工、建具職人、畳職人、内装工などの建築、土木技術者、造園業、陶芸、インテリア・コーディネーター、整備士などの車両技術者、電気技術者、デザインやグラフィック関係、美容師、理容師、歯科技工士、眼鏡士、運転技術者、スポーツ選手など、幅広い。

視覚空間型の子がスムーズに自立を達成できるかどうかは、何らかの技術を身につけられるかどうかにかかっている。それに付随した資格の取得も必要である。

視覚空間型の子がスムーズに自立し、成功するためのもう一つの課題は、コミュニケーション能力などの社会的スキルや衝動性をコントロールする自制力を培うことである。

いくつかの具体的な人生を見ていきながら、このタイプの自立の特徴や成功のポイントを考えたい。

手のつけられない暴れん坊（M男の場合）

M男は、小さい頃から活発で多動で、手のつけられない暴れん坊だった。勉強はいつも下位の成績で、母親は何とか教えようと努力したが、本人はそれを嫌がって、余計に勉強嫌いになった。唯一得意だったのは絵を描くことだったが、両親は特にそれを評価することもなかった。小学六年のときに、母親が亡くなった。母親は息を引き取る間際まで、M男の行く末を案じていた。中学時代は暗く、反抗的な態度が目立った。その頃の救いは野球で、野球に明け暮れる毎日だった。しかし、成績が悪かったこともあり、高校には行かず、中学を出ると、ぶらぶらする生活をしていた。その状況を心配した父親が、知り合いの造園士に相談したところ、本人に来る気があるのなら面倒を見ようと言ってくれた。本人は最初嫌がったが、父親と姉に説得されて、渋々造園士のもとに弟子入りして、下働きをすることになった。

その頃のM男は根気がなく、ときどき仕事を抜け出していなくなることもあったが、造園士の親方にどやされながら、どうにか仕事を続けた。手先は器用で、仕事の覚えは速かった。二十歳をすぎる頃には、もう技術的には一人前になって、素行も少し落ち着いてきた。

二十代半ばになったとき、ついていた造園士が引退したため、その得意先をもらって独立した。愛想がなく、言いたいことを言ってしまう性格のため、得意先とケンカをして、仕事がもらえなくなったりする波乱もあったが、三十代になる頃には、駆け引きや商売のコツも覚えて、そつなくやりこなせるようになった。庭をつくらせると誰にも負けないという評判が次第に広まって、大口の注文が次々と舞い込むようになった。造園と管理の両方で手が足りなくなり、どんどん人を増やした。四十代には、押しも押されもせぬ造園会社の社長として敏腕をふるい、かつ、みごとな庭を数多くつくった。

このケースの場合、造園という技術的職業との出会いが、この男性の運命を変えたと言える。しかし、それは容易な道のりではないことも理解しておく必要がある。一つの技術を熟練の域まで習得するには長い年月を要するが、このタイプの人は、若い頃には特に衝動的で、飽きっぽいところがあるため、しばしばトラブルを起こしたり、途中で投げ出したりして、せっかくのチャンスをフイにしてしまうこともある。そうした事態を防ぐためには、子どもの頃から辛抱強くかかわり続ける中で、ある程度の自制心や忍耐力を養っておく必要がある。この男性の場合は、両親が悩みながらも向き合い続けたことが支えになっただろうし、野球というスポーツを通して、そうした能力が培われていたことも役立ったのだろう。このタイプには、親でない第三者の導きが重要である。弟子入りした先の師匠が厳しいながらも理解をもって、本人を鍛えてくれたことが、仕事で大成することにつながった。

こうしたケースは、身近でもよく出会うのだが、偉人の伝記などを読んでいると、このタイプの人がいかに多いかは驚くほどである。独自の道を歩んだ創業者や芸術家や職人に非常に多いのである。そうしたケースをいくつか見ていけば、驚くほど共通する特徴があることに気づかされる。

安藤忠雄の場合

国際的な建築家で、高卒で東大教授に迎えられた安藤忠雄氏も、典型的な視覚空間型の頭脳の持ち主のようだ。双子の兄弟だったため、安藤氏だけが祖父母の養子となり、実の両親の愛情を知らずに育った。小さい頃からガキ大将で、ケンカもよくしたし、強かったという。「安藤の喧嘩大将」という異名をとっていた。

しかし、祖父母は甘やかしていたわけではない。大阪商人の血を継ぐ祖母は、しつけには厳しく、「子どもに対しても、自分で考え、決めて、自分の責任で行動する、独立心を求めた」という。安藤氏が扁桃腺《へんとうせん》の手術を受けることになったときも、付き添わず、「一人で歩いていっておいで」と突き放した。安藤少年は、自分で何とか危機を乗り越えるしかないという自立の精神を、子どもの頃から体得することになる。

生まれつき手先が器用で物づくりの才能を示していた安藤氏は、工業高校の建築科に進む。その一方で、安藤青年が熱中したのはボクシングだった。高校在学中、一時は、プロボクサー「グレート安藤」として、日本チャンピオンを目指したこともあった。しかし、その夢は挫折。安藤氏は、建築で身を立てることに本気で専念しはじめる。

だが、生来の短気な性格がたたって、なかなか就職先も定まらない。そんな氏に、知人がバーのインテリア設計の仕事を紹介してくれる。安藤氏は、独力で仕事をやり遂げる。安藤氏の仕事は、その原点から独立独歩で始まったのである。

その後も設計事務所で働くかたわら、独学で建築の勉強をした。片手間に木工家具をつくると、それが飛ぶように売れた。有り金すべてをはたいて、氏は四年間、世界放浪の旅に出る。その間に撮った写真には、すでに建築家としての才能のきらめきが見られる。もちろん、この旅行で世界のさまざまな建造物と出会ったことは、机上の学問からは得られない、インスピレーションの源泉を手に入れることになった。帰国後、大学出の建築士にはない、独自の才能をいかんなく発揮することになるのである。

安藤忠雄(1941-)

ちなみに、二十世紀最大の建築家である

ル・コルビジェや、ミース・ファン・デル・ローエも大学教育を受けていない。ル・コルビジェは、時計職人を養成するための装飾美術学校の出身だったし、ファン・デル・ローエは、実科学校（本書175頁「ドイツの教育」参照）の出身だった。芸術的な才能にとって、大学教育は逆にマイナスになる面もある。なぜなら、大学を中心とするアカデミズムは、視覚言語型の文化であり、視覚空間型の才能を伸ばすのには向いていないからである。オリジナルな部分がかえって損なわれてしまう危険もある。

スティーブ・ジョブズの場合

アップルの創業者であるスティーブ・ジョブズは、先にも触れたように、実際に試してみて、感覚的に全体をイメージでつかむのが得意な視覚空間型の特性を備えた人物だと言える。ジョブズが、ＩＴの分野ではありふれた視覚言語型の才能とは一味違った才能の持主であったのは、その点においてであろう。

幼い頃のジョブズは落ち着きがなく、いたずら好きの、何でも試してみないと気が済まない、好奇心旺盛な子どもだった。殺虫剤を味見して病院に運ばれたり、コンセントにヘアピンを差し込んだらどうなるかを、実際に確かめようとして、大やけどしたりしたこともある。

友達と遊ぶことよりも、テレビを何時間も見たり、電子機器をいじったりすることに熱中した。誰とも仲よくならず、孤立的に行動し、周囲からはトラブルメーカーとみなされていた。自分がやりたいと思うこと以外はやらず、したがって、宿題や課題もやらなかった。教師の指導にも反抗的で、教室にヘビを放したり、爆発騒ぎを起こしたり、教師に暴力をふるったこともある。抑え込もうとすればするほど、ジョブズは自分を支配しようとする力を押しのけようとした。

小学四年生のとき、小さな転機が訪れた。担任となったヒル先生という女性の教師と出会って、彼はがぜんやる気を出したのだ。ヒル先生は、このタイプの子どもの「操縦方法」を心得ていた。「鼻先にニンジンをぶら下げた」のである。ジョブズの報酬依存性を見抜いて、課題を達成したときの具体的な報酬を明示したのだ。「この学習帳をやってほしいの。最後までできたら5ドルあげるわ」という具合にである。いかにもアメリカ的な、日本では眉をひそめられそうなエピソードだが、このタイプの特性を表してもいる。

ジョブズは、目の色を変えて頑張りはじめ、たちまち成績は急上昇したという。もちろん、ただ単にご褒美《ほうび》がもらえたからというよりも、自分のことを認めてくれる人が現れたことが大きな励みになったのだろう。その勢いで飛び級をして中学に進んだほどである。

だが、それが裏目に出てしまう。ジョブズが進学した中学は、荒れ放題で、始終暴力ざたが起きて警察がやってくるようなところだった。ジョブズの才能に関心を払う教師もいなかった。ジョブズは学校に行きたがらなくなり、自分から辞めたいと言い出した。このままでは非行少年の仲間入りをすることになると危惧した両親は、ジョブズの言うとおり、その中学を辞めさせて、別の学校に移らせるために引っ越しまでした。

引っ越した先は、いわゆるシリコンバレーと呼ばれる地区の一画にあった。ジョブズは、新しい学校になじむとともに、他の地区では、なかなかお目にかかることのできない得がたい人材と出会うことになる。その一人が、後にアップルをともに立ち上げることになるステファン・ウォズニアックで、コロラド大学一年のときに、大学のコンピューターをハッキングするという事件を起こして退学させられ、自宅でくすぶっていた。人付き合いが苦手で、エレクトロニクスやコンピューターに目のない二人は、たちまち意気投合する。コンピューターの本当の天才は、ジョブズではなく、ウォズニアックだった。ウォズニアックが独力で開発したコンピューターが、アップル社の発展の礎を築くことになるのだ。ジョブズにとって、ウォズニアックは金の卵を産むニワトリだった。

　ジョブズ自身は、コンピューターの技術者としては二流以下だったが、ウォズニアックのコンピューターが売り物になるということを見抜いて、それをどうやって売り込むかを考えつく才能をもっていた。

　ジョブズは、およそ学問には不向きな人間で、親泣かせだった。両親に高額の学費を払わせて、私立の大学に進学したが、成績は惨憺《さんたん》たるもので、半年いただけで中退している。そのまま大学の寮に住みついたジョブズは、東洋の神秘思想にはまる。コンピューターゲームのアタリ社に就職してからも、自分探しの旅にインドに出かけてしまったりした。ぼろぼろの服をまとい、裸足でインドを歩き回ったという。

スティーブ・ジョブズ（1955–2011）

　ジョブズをインドのグルや禅に向かわせたのは、彼自身が自分のアイデンティティーの問題や虚無感に苦しめられていたからでもあった。その根底には、彼が実の親に捨てられたという思いがあった。ジョブズは、生まれてわずか数週間で、生みの親のもとから離され、育ててくれた両親の養子となったのである。その後、アップルで成功し、巨万の富を手にしても、ジョブズはそうした空虚感を引きずることになる。だが、それが、彼にさらなる成功を追い求めさせたとも言えるだろう。

アタリ社のヒット商品、ブレイクアウト（ブロック崩し）の設計をたった二日でやり遂げたという伝説を生むが、実際に設計したのはウォズニアックだった。だから、商品に欠陥があるとわかっても、ジョブズはそれをどう修正すればいいのか、さっぱりわからなかった。

それでも、彼はアップルの創業者になり、いったんアップルを追われたのち、再び返り咲くと、ｉＰｏｄやｉＰａｄといった画期的な商品を開発して、落ち目だったアップルを完全に復活させた。それは、決して、ジョブズのプログラミングの能力や回路設計の能力によるものではない。新しい商品のアイデアを具体的な形にイメージし、それがビジネスになるかどうかをかぎ分ける能力が、彼を伝説的な人物にまで押し上げたのである。

このタイプの人物にとって、大学教育はしばしば無駄な道草でしかない。

本田宗一郎の場合

世界のホンダの創業者である本田宗一郎氏も、どうやら、このタイプの少年だったようだ。幼い頃から工作や機械いじりが大好きだった。近くの製材所には、発動機で動く回転のこぎりが置かれていたが、その動くさまを、心を躍らせて眺めていたという。しかし、学校の成績はさっぱりだった。

小学校六年になって、理科の内容に、「電池とか天秤《てんびん》とか試験管、機械などが顔を出すようになってからは好きだった。もっともその理科も、頭ではよくわかり、先生に聞かれれば答えられるのだが、いざ試験になるとさっぱりだった。というのも、習字や読み方が嫌いで、字を書くのがめんどうくさかったからである。とにかく手先は器用な方で、物をつくらせれば誰にも負けない自信があったが、字ではうまく表現できない。つづり方や書き方がいやでいやで、その時間になると教室を抜け出し、裏山の木の上に登って空でも眺めていることの方が多かった」（本田宗一郎『夢を力に』）。

本田宗一郎氏も多くの発明的技術者と同じく、視覚空間型の情報処理にもっとも長《た》けた頭脳の持ち主だったと言えるだろう。とりわけ文字言語の処理は苦手だったようだ。しかし、会話言語はさほど苦手ではなく、本を読んで知識を増やすよりも、実体験や耳学問で学ぶことが多かった。これも、このタイプの人によくあることだ。

小学校二年の頃、はじめて村に自動車がやってきた。本田少年は一目散に飛んでいくと、のろのろ走っている自動車の後を追いかけて走った。油のにおいがして、自動車が走り去った後、地面に鼻をつけて、そのにおいを嗅《か》いだという。そのときの感動が、いつか自動車を自分の手でつくりたいという憧れを生んだ。

同じ頃、浜松の練兵場で飛行機の模範飛行が行われるという話を聞きつけた。父親の大きすぎる自転車を持ち出すと、二十キロメートルも離れた練兵場まで、ペダルをこいだ。しかし、着いてみると、入場料十銭が必要で、本田少年がもっていたのは二銭だけだった。諦《あきら》めきれず、本田少年は得意の木登りで松の木に登ると、見つからないように枝の陰に身を隠しながら、飛行機の飛ぶさまを見たのである。

家に帰ると、最初は怒っていた父親も、飛行機を見てきたという話をすると、「本当に見てきたのか……」と感激して、怒るのを忘れてしまったという。本田氏の機械好きは父親譲りだったのだろう。

小学校時代の本田氏は、わんぱくないたずら小僧で、してはいけないことをしてはよく怒られたが、それは逆に言えば、常識に縛られないという特性でもある。

高等小学校を卒業した本田氏は、親元を離れ、東京にある自動車修理工場で見習い奉公を始める。夢に胸を躍らせて上京した本田氏を待っていたのは、自動車の修理の仕事ではなく、主人の赤ん坊の子守と雑巾がけだった。毎日がつらくて、何度も逃げ出そうと思ったが、「そのたびに故郷のおやじの怒る顔と、おふくろの泣く姿が目に浮かんで決意が鈍った」。

半年ほどして、本当に修理の手伝いをさせてもらったときにはとても感激し、それが、その後の仕事に対する意欲の原動力になったという。たくまずしてそうなったのだろうが、昔の人は若い者をハングリーな状態に置くのがうまかった。

本田宗一郎（1906-1991）

機械いじりにかけては天性のものをもっていた本田氏は、めきめき腕を上げ頭角を現していく。そして、六年間の見習いを終え、修理の技術をマスターした本田氏は、主人からも認められて、二十二歳の年、故郷の浜松で独立する。

最初は年が若すぎたこともあって、なかなか信用してもらえず、仕事が来なかったが、やがて技術のよさが評判になり、大繁盛するようになった。さらに、本田氏は、当時木製のスポークしかなかったことに目をつけて、鋳物《いもの》製のスポークを開発し、特許を取得した。それを博覧会に出品したところ、また評判を呼び、外国から注文が来るようになった。工場は拡張を重ね、二十五歳のときには五十人の従業員を抱え、毎月千円（今日で言えば、一千万円以上）の儲けを出すまでになっていた。

技術的な創造性だけでなく、商機を見逃さず、巧みにプロパガンダしていく才能にも長けていたが、それも、身体感覚的ともいうべき天性の部分が大きいように思う。そうした能力は、いくら本を読んでも身につくものではない。実践の感覚とともに、常識とは違う行動をしたり、発想したりする能力によるところが大きい。判で押して固めるような教育を受けすぎると、かえって、そうした能力は失われてしまう。

本田氏の特性の一つは、とても遊びを好んだことである。遊びと仕事が同一線上にあるのだ。視覚空間型の人は、概して遊びが大好きで、遊び上手な人が多い。一緒にいても楽しい遊び相手だ。このタイプの人では、しばしば遊びと仕事が一致したときに、もっとも強みを発揮する。遊びの中から仕事のアイデアも生まれてくる。自分の遊びを集大成して事業にしたら大成功したというケースも多い。自動車レースに自らレーサーとして参加していた本田氏は、車が空中で三回転するという大事故にも遭《あ》ったが、奇跡的に命拾いした。

二十八歳のとき、彼は新たな決断をする。繁盛していた修理工場を畳んで、ピストンリング開発に乗り出したのだ。これもまた、普通の常識からは出てこない発想だ。儲かっている仕事なら、それにあぐらをかいていればいいと思うのが普通である。ところが、本田氏は、それでは飽き足らなくなったのだ。自分の中で納得がいかないことをごまかして続けられない性分なのだ。視覚空間型の人には、そういう性分の人が多い。

ピストンリングの開発に取りかかったものの、それは想像した以上に困難で、暗礁に乗り上げる。五十人もの社員を抱えたまま、売り上げもないという状況で、蓄えもみるみる尽きはじめる。この窮地に活路を求めたのが、浜松高工（現静岡大学工学部）である。学校嫌いの本田氏が、自ら聴講生となって講義を聴き、研究に明け暮れた。しかし、彼は学校という仕組みに根っから合わなかったようだ。講義を聴いてもノートもとらず、試験も受けない本田氏の聴講姿勢に学校側は面白くなかったのだろう。本田氏は退学になってしまう。だが、その後も勝手に教室に潜り込んでは、講義を聴いていたそうだ。

幸い、九か月後、開発に成功したが、商品としてトヨタに納入が認められるまでには、さらに二年を要した。このように苦労して立ち上げたピストンリングの会社だったが、終戦後、本田氏は、その株をすべてトヨタに譲ってしまう。そして、一年間、ぶらぶら遊んで暮らした。何か自分の中で納得できないと、そのまま惰性で進まないというのは、このときも同じだった。本田氏は遊んで暮らしながら、次に取り組むべきことを見定めていたのである。本田氏が行きついたのが、自転車に小型エンジンを積んだ、バイクをつくるというアイデアだった。これは、「バタバタ」と呼ばれて、大ヒット商品となる。いわば、原付の原型だ。

誰もまだイメージしたことのないものを思いつき、その可能性を見通すことができる才能こそ、世界のホンダをつくる礎となったのである。

こうした本田氏のような能力を、現代の教育システムは、受け止め、伸ばしていくことができるだろうか。技術的な才能や経営的なセンスも、ペーパーテスト中心の成績評価システムでは、どれだけその能力を反映することができるだろう。本田宗一郎氏のような能力をもった子どもが、今の教育システムで学んだ場合、いわゆる五教科型の偏差値においては、劣等生の評価や扱いを受けてしまいかねない。

もし、その評価を信じて、自分は平均より劣った無能な人間だと思ってしまったとしたら、それは非常に大きな不幸であり、損失である。

本田氏にとっては、まだ教育が、子どもをそこまで支配していない時代に育ったことが幸いだったと言えるだろう。早く社会に出て、実体験と実学で頭角を現すことができたからだ。ところが、現代のように、脳が発達する十八歳までの時間をどっぷり学校ですごすのが普通である時代においては、その弊害が逆に大きくなってしまう。このタイプでは、その特性に合わない教育を受けることによるマイナス面が、プラス面をはるかに凌駕《りょうが》してしまいかねないのだ。

このタイプの子どもにとっても、教育が同じように、その子の特性を伸ばし、自立に役立つためには、こうした特性をもった子どもに対する教育の内容や方法を根本から考え直す必要があるように思う。

このように視覚空間型の子の学習は、実際に手や体を動かす体験型であり、そこから彼らは、書物を読むことや講義形式の授業から学ぶ以上のものを学ぶ。したがって、彼らが自立に必要なものを獲得するためには、そうした特性を踏まえた教育が必要である。

このタイプの子は、報酬依存が強いことも頭に入れておく必要がある。勉強のための勉強などと言われてもピンときにくいのだ。こういうことに役立つという具体的な利益やもっと直接的な報酬を得られることが、彼らの意欲をかき立てる。勉強には不熱心でも、仕事には熱心なことが多いのも、報酬のあるなしによるところが大きい。

今日、職業科高校と普通科高校では見えない序列があり、優秀な子が進むのは普通科高校という形になっているが、その背景には五教科という同じ尺度で評価することがある。これは、視覚空間型の子どもたちへの配慮を欠き、このタイプの子どもたちをおとしめるシステムだと言える。

このタイプの子どもたちが、もっと教育によってその特性を生かせるためには、知識偏重の評価システムではなく、実践知も同じくらい重視した、もっと総合的な評価システムをつくって、多元的に子どもを評価するように改める必要がある。同じ一つの評価軸で子どもを見る必要性はまったくないし、子どもの特性を考えたときに、それは、非常に不合理で不公平なやり方である。評価軸を多様化し、多様な能力を評価できるようにすることが、多くの子どもを救うように思う。

それを妨げる最大の要因となっているのは、五教科による序列化と五教科の中身の問題、つまり、統合能力や実践的、社会的知性の軽視である。

五教科による序列化をやめて、また、教科の中身や教育内容、教育方法も多様化させ、実践知や社会的知性も伸ばし、評価される仕組みが必要なのである。それによって、その子の特性に合った教育方法や進路選びができるシステムも可能となるだろう。

②聴覚言語型の子の自立

聴覚言語型の子は、概して共感性に優れ、コミュニケーション能力も高いことが多い。冗談を言ったりして、相手を楽しませるのも上手だ。あまり理屈っぽい抽象的な議論よりも、実際的で具体的な話題について話すのを好む。

このタイプは、文字言語が発達するまではもっとも有利な立場にいたし、今日も、直接人と会って、コミュニケーションをとることが必要な場面では大いに活躍している。

バラク・オバマの場合

アメリカ大統領バラク・オバマは、情報処理の特性という観点から見ると、言葉を話したり、聞いたりするという面でもっとも強みを発揮できるタイプに属するだろう。彼を大統領にまで押し上げた要因の一つは、演説のうまさである。彼の演説は人の心をとらえ動かす力をもっている。

彼の自伝を読むと、その文章には抽象的な理屈っぽさよりも会話的な柔らかさがあり、情緒纏綿《てんめん》として、読み手の頭というよりも心に訴えかけてくる。論理的な議論でない部分がむしろ魅力である。豊かな共感性、ことに弱者への共感が、彼の政治家としての信念や行動の根底にある。同時に、彼は自分の周りの空気や雲行きを読む能力に非常に長けていて、自分の行動の効果や影響を予測する能力に優れていることがわかる。

そうした能力が培われた一因は、彼が子どもの頃から心細く、不安定な境遇で生き抜いてきたことにあるだろう。黒人でケニア人の父親と白人でアメリカ人の母親との間に、ハワイで誕生したバラク少年は、幼くして両親が離婚したため、父親と生き別れ、祖父母の家で育ち、母親がインドネシア人の男性と再婚すると、母親とともに政情不安定なインドネシアで暮らしたこともあった。

インドネシアでの教育も、最初はカトリック系の外国人も多い学校だったが、すぐに地元の子どもが通う小学校に転校した。彼は学校始まって以来の、そしてたった一人の外国人の生徒だったが、インドネシア語をすぐに覚え、貧しいストリートチルドレンたちとも楽しく遊んでいたという。自ら進んで手を挙げて、インドネシア国歌をみんなの前で歌ったこともある。アメリカ訛《なま》りのインドネシア国歌に、他の生徒たちは大笑いしたが、それもバラク少年（当時は、バリーと呼ばれていた）の計算のうちだったのかもしれない。少数派の立場であろうと、その環境にすぐさま順応し、人気を獲得する能力は、その頃から磨かれたのであろう。

その後、母親はその男性と離婚し、ハワイに戻って大学院に通いはじめる。家事や子どもの世話が行き届かないことに対して、母親は息子にこう言って弁明したという。

「私はシングルマザーで、大学院に通いながら二人の子どもを育てているの。だから、クッキーを焼くような余裕はないのよ」と。

バラク・オバマ（1961-）

母親の苦労を誰よりも知っていたバラク少年は、たまに母親に反抗的な態度をとることはあっても、母親の顔色を見て、母親の気持ちに合わせ、自分の気持ちの方は抑えるようになった。

バラクは、個性の強い人間の間で、うまく妥協しながら生き抜いていく術《すべ》を幼い頃から学んでいたのだ。ハワイの黒人は、アメリカ本土以上にマイノリティーであった。

自分を主張するよりも、相手の顔色を見て自分を抑えなければならないことの方が多かった。

バラクも、多くの高校生と同様に、自分の進むべき方向を見失いかけた時期があった。勉強にも身が入らず、空虚感を紛らわすために、コカインやマリファナにも手を出した。それでも、バラク青年が一線を越えずに、自分をどうにか保つことができたのは、母親の愛情を感じていたからだろうし、その信頼を裏切りたくないという思いが、最後に彼を守ったからだろう。

ロサンゼルスのオキシデンタル・カレッジに進んでからも、心にある空虚感が癒やされたわけではなかった。だが、ある日、彼は自分の天職と出会う体験をする。それは、わずか一分という短い時間の出来事だったが、彼の人生をある意味方向づける体験となる。ある集会の冒頭で短いスピーチをすることになったのである。だが、彼が話しはじめると、それまで無関心だった人が足を止め、話すのをやめて耳を傾けた。彼の話が終わったとき、大きな拍手がわき起こった。

このとき、彼ははじめて、自分に聴衆を引きつけ、説得する能力があることを知ったのである。そして、それは、ずっと自己主張を抑えてきたバラク青年が、自分の考えをはっきり口にできた瞬間でもあった。

オキシデンタル・カレッジからコロンビア大学に進み、いよいよ卒業が近づいてきたとき、彼はコミュニティー・オーガナイザーになる決心をする。それは、お金を稼ぐことでも、研究や技術を磨くことでもなかった。社会の底辺の問題と向き合うことだった。

オバマ氏のような社会のリーダーとなる人材を育てることも、教育の重要な役割だ。オバマ氏に与えられた教育がというよりも、オバマ氏の置かれた環境が、彼の自立をうながし、社会的認知やコミュニケーションの能力を育てたと言うべきだろう。だが、教育に関しても、母親は非常に関心とエネルギーを注いだ。インドネシアにいた頃には、インターナショナル・スクールに通わせる経済的な余裕がなかったため、地元の学校に通うことになったが、英語力の低下を心配した母親は、本国の通信教育を受けさせ、毎朝早起きして、三時間英語の勉強をさせたという。

ハワイに戻ってからも一家の収入は母親の奨学金だけだったにもかかわらず、母親は息子を名門校に入れ、最高の教育を受けさせた。

このタイプの人が大抵そうであるように、オバマ氏も学校教育自体の問題で大きな困難を抱えることはなかった。聴覚言語型の特性をもった人は、学校であれ、どんな集団であれ、高い適応力を示すことが多い。彼は誰とでも友達になり、共感を分かち合うことができた。それゆえに、彼は次第に、人間を隔てる人種や社会的格差といった社会の問題と向き合うようになるのである。

ミッシェル夫人が指摘するように、オバマ氏は、政治家になるには、お人よしすぎるところがあるのかもしれないが、それが、これまでの政治家とは異なる彼の魅力でもあっただろう。

聴覚言語型の人は、人とのコミュニケーションがもっとも重要な部分を占める仕事に向いていると言える。共感性が高く、奉仕したり、相談に乗ったり、教えたり、交渉をしたり、一緒に問題を解決したりすることに適性をもつ。オバマ氏は、自分の特性を生かした成功例だと言える。

聴覚言語型の自立を阻害する要因

しかし、聴覚言語型の人にも、落とし穴や困難はもちろん存在する。その一つは、共感性が豊かであるがゆえに、気分や感情に押し流されて、行動を左右されやすいということである。誰かが困っていると、自分のことを放っておいてでも助けずにはいられない。だが、それは、しばしばお荷物を抱え込んだり、ずるがしこい相手を益するための犠牲になったりしかねない。

　聴覚が優位であるということは、また、いくぶん受動性の傾向をもちやすいことでもある。相手の主張に耳を傾けすぎて、自分の考えがあいまいになったり、自分の立場を譲りすぎたりすることも起きやすい。それは、主体性を損なう状況を生みやすい。

　したがって、聴覚言語型の人は、小さい頃から自分の気持ちや意思をしっかり話す訓練を積むことが重要である。親や教師の話をよく聞き、言いつけを守る「よい子」だということで安心していてはいけないのだ。「よい子」ほど、自己主張ができる人間に育ててやらねばならない。さもないと、思春期から青年期に差しかかったとき、あるいは、社会に出たとき、相手に合わせる戦略しか知らないのでは、自分勝手な相手からの搾取や攻撃をはねのけることができない。悪い誘惑にも従順になってしまいかねない。

　聴覚言語型の人は、概して「いや」と言うのが苦手である。それを言ってしまうと、人間関係にひびが入ってしまうような不安を感じてしまうのだ。そのため、どうしても相手ペースで何事も進めてしまう。

　このタイプの人が、主体性をもったリーダーシップを発揮できるような人物に育つかどうかは、言うべきことは主張し、相手を説得するスタンスや技術を身につけられるかどうかにかかっている。

　現在の教育には、こうした特性をきちんと評価し、育成するシステムがあるだろうか。ペーパーテスト中心の正解ありきの教育は、対立や葛藤《かっとう》を乗り越え、正解のない問いに、妥協しながら解決を見いだすという実践的な能力を育てられない。

　ハーバード大学などの入試では、ＳＡＴ（学力適性検査）は志願者のみんなが満点近い高得点なので、かえって重要視されない。むしろ、志望動機についてつづったエッセー（小論文）と、面接が非常に重要視される。面接で学生を選ぶということに、五教科主義的な日本の教育観に慣れっこになった目からは、客観的な評価ができないのではないのかという不安や、面接だけで何がわかるのかという異議が出されるだろう。

　それに対して、数学者の広中平祐氏は対談で次のように述べている。

「ぼくが、そういう方法は主観的になりすぎないのかって疑問を出したらね、『大学の入試なんて主観じゃないか、主観以外の何があるんだ』って。あの段階で人を選ぶのに主観以外の何があるんだ、少なくともハーバードではずっと各界のトップを出しているじゃないかって言われたぐらいですよ」

実際、一回のテストの国語や数学の得点が一点上だったとか、下だったとかで、人の可能性を選ぶのと、その人と話をして感じたもので選ぶのと、どちらが当てになるだろうか。少なくとも、入試の点数のわずかな違いよりも、自分の考えを述べたり、相手とやり取りしたりする能力を見た方が、その人が社会でやっていける素質を見極める参考にはなるだろう。もちろん社会的にはまったく不器用で、ある能力だけとびぬけて優れている人もいればいい。そういう才能も、画一的なマークシートの得点よりも、エッセーや面接の方が何十倍も高い精度で見つけ出せるだろう。

③視覚言語型の子の自立

視覚言語型の子は、論理や法則を好み、数学や論理的文章の能力に長けていることが多い。抽象的な言語や記号に強い。言語で思考するというよりも、シンボルやイメージで思考するのである。ロジックというのは、一か所でも破綻《はたん》があれば、それは成り立たないということになる。論理的に思考するこのタイプの子は、細部へのこだわりや完璧志向が強い。あいまいな表現や空気を読むということは苦手でも、精密さや厳密さを要求される課題には抜群の強みを発揮する。

したがって、このタイプの子は、営業や現場向きというよりも、デスクワークや研究室向きである。研究者や学者には、元来、このタイプの人が多い。高度な理数的能力を必要とする技術職やＩＴ関係の技術者としても、このタイプは強みを生かせる。法律や会計のような、規則や厳密さを要求される分野においても、高い能力を示す。

ただ、客のあしらいはあまりうまくないので、社交や交渉が得意な聴覚言語型のパートナーと組む必要がある。視覚言語型の人間がブレーンになって作戦を立て、最終的決定権を握り、聴覚言語型の人間が実際の交渉に当たれば、これは鬼に金棒のコンビである。近年は、このタイプの人がビジネス・リーダーとして成功するというケースが増えている。

その一方で、体を優雅に動かしたり、社交を楽しんだりということは苦手である。子育てでも、聴覚言語型のパートナーと補い合った方がうまくいくだろう。

このタイプの子は、学校時代、成績がよかったというケースが多い。ことに、理数系の能力に長け、語学も得意なことが多い。ただし、会話やヒアリングは、文章を読解する能力に比べると見劣りがする。

台頭する視覚言語型

かつては、視覚言語型の頭脳は、アカデミックな象牙の塔にこもって、かび臭い書物の世界に生きるか、法律や会計の分野に活路を見いだすしかなかったが、今では、活躍の場は産業全般に広がっている。その大変動をもたらしたのは、言うまでもなく、ＩＴ革命である。ＩＴ技術の飛躍的な進歩によって、産業のあり方や労働者の働き方は根底から変わった。ＩＴの知識や技術がないと、何もできない時代がやってきたのだ。

これまで、物づくりは視覚空間型の才能の独擅場《どくせんじょう》であったが、視覚空間型の人間が行っていた作業は、コンピューターのプログラムとロボット技術が代わりにやりこなしてしまうようになった。

つまり、物づくりの現場において、視覚空間型のニーズが急速に萎んでいく一方で、視覚言語型の頭脳のニーズが、加速度的に高まっているのである。視覚空間型の人はコンピューターでは真似のできない高度な技術やオリジナリティをもつか、さもなければ機械化できない手仕事を行うしかなく、仕事の範囲が著しく狭められているのだ。一握りのデザイナーやアーティストは高額な報酬を手にすることもできるが、それ以外の仕事は相対的に労働力が余ってしまったことによって、買いたたかれている状況である。かつて建築や土木関係、鉄鋼や造船などの重厚長大型の産業に大量に吸収されてきた、このタイプの人材が、完全にだぶついてしまったのだ。

視覚空間型の人たちの難局を尻目に有利な立場に立っているのが、視覚言語型の人たちである。

ビル・ゲイツの場合

マイクロソフトの創設者であるビル・ゲイツ氏は、小さい頃から一風変わった子どもで、自分の世界に熱中すると、周囲のことなど忘れてしまったという。マイペースで、時間に合わせて準備をするといったことは苦手で、ほかの子どもと上手に遊ぶこともできなかった。社会性の発達や自己管理能力の面で遅れが見られたのである。そのため、一学年進級を遅らせてはどうかと、学校から勧められたほどだった。

父親は、協調性に乏しく、いたずらばかりしていた息子のことを「頭痛の種だった」と回想しているが、自身が教師だった母親は、強制せずに、ビル少年の主体性を尊重するように努めた。

母親がよく本を読み聞かせたこともあって、ビル少年は本が大好きだった。旺盛な知識欲を満たすために、百科事典をAから順番に読破したという。小学校の頃の成績は、算数が特に優れている以外は、オールAだった姉に比べると平凡だった。

両親の関心は、成績や知的な発達よりも社会的な面での成長を助けることに注がれた。そのために、ビル少年がグループ活動や屋外での活動にできるだけ参加するように配慮した。ボーイスカウトの活動に参加させたのも、その一環だったが、その活動の中で、さまざまな年齢の子どもたちとハイキングや冒険に熱中したことは、ビル少年の社会性の発達を促すのに大いに寄与した。

　また、ゲイツ家では、家族みんなでボードゲームやトランプなどを楽しむことを習慣にしていて、遊びの中でコミュニケーションをとりながら、ともに楽しむ時間を大切にした。

ビル・ゲイツ（1955-）

　夏は水泳やダイビング、ヨット遊びなどで、ビルが活発に遊ぶのを応援した。友人一家と一緒に川べりのヒュッテに二週間ほど滞在し、そこで子どもたちはチームをつくって、さまざまな遊びに興じ、集団でゲームをしたりキャンプファイヤーをしたりするのが、年中行事となっていた。

　楽しむことばかりではなかった。ビル少年は、週三回、地方新聞の配達の仕事をやるなど、働いて報酬を得るという体験も早くから積んでいた。

　小学六年のときには、コンテンポラリー・クラブという知的な子どもたちの集まりにも参加して、そこで討論をしたり、一緒に活動したりする経験もした。

　彼がコンピューターと出会ったのは、十二歳のときである。そのときまでに、彼は相当な社会的体験を積んで、弱かった社会的スキルを鍛えることができた。

　そうした努力のかいあって、彼は本の虫やプログラムオタクでは終わらない青年に育った。ハーバード大学に進みながら、大学を辞めて自ら起業することを選択したのには、彼が常に主体的に行動する人間であったということと同時に、経済的な野心も、そのインセンティブとしては大きかった。彼は安定していても、ちっぽけな報酬では満足しなかった。プログラミングに夢中になっているときも、ただ楽しみのためにだけ熱中していたわけではない。彼の頭の中にあったのは、それで利益を生み出し、報酬を得るということである。彼が学問の世界に惹《ひ》かれなかったのは、その報酬が努力に見合うものには思えなかったからだろう。

　報酬依存性には、プラスの面もマイナスの面もあるが、しばしばその傾向は、このタイプの人にとっても、独立や自立を達成する原動力となる。報酬に対する欲求が弱すぎると、自立するエネルギーも弱くなりがちだ。

このタイプの人にとって、早いうちから働き、報酬を得るという経験をすることは、自立心を養う上で重要なのである。

井深大の場合

ソニーの創業者の一人である井深大《いぶかまさる》氏は、一時、作家になろうと思ったほどの本好きであった。また、無類の機械好きでもあり、小さな頃から、機械と見ると目を輝かせ、時計と見ると、親戚の家のものであろうがおかまいなしに分解してしまったという。視覚言語型の特性を備えた子どもだったと考えられる。

井深少年がまだ三歳のときに、父親が結核性のカリエスで他界してしまったため、母と子は身を寄せ合うようにして暮らしていた。ところが、小学四年のとき、ショッキングな出来事が起きる。母親が再婚したため、井深少年は愛知県安城《あんじょう》の祖父母のもとに残され、神戸に嫁《とつ》いだ母親と生き別れになったのである。

そのときの寂しさを紛らわしてくれたのが、本を読むことであり、機械への興味だったという。通信販売で科学玩具を買って、それを組み立てるのも大きな楽しみで、科学の原理や機械の構造に対する井深少年の関心を育てるのに役立った。

勉強ができた井深少年は、中学受験の準備も考えて、小学五年の二学期に、神戸の母親の再婚先で、母親や義父と一緒に暮らすことになる。

義父は厳しい人で、毎朝、朝食前の日課として山登りを課した。しかし、この習慣は心身の鍛錬になり、見違えるほど体力もついた。母親の再婚先、しかも、厳格な父親、ほかにも養子がいるという境遇で、肩身の狭い生活ではあったが、その気苦労も井深少年の社会的スキルや忍耐力を高めるのに役立っただろう。

母親や義父に認めてもらいたいという一心で、受験勉強を頑張った井深少年は、みごと難関の神戸一中に合格した。しかし、さしもの井深氏も受験勉強で頑張りすぎたせいか、入学後二年ほどはまったく勉強に意欲がわかなかったという。また、井深氏には頑固なところがあった。漢文の授業で、井深氏は読み下し文ではなく、白文で読むべきだという持論に固執して、教師と対立し、ついに白紙で答案を出してしまい、それもあって落第してしまう。

井深氏にとっては危機の時代であったが、そのとき、彼の支えになったのが、無線に熱中したことだった。母親は義父に遠慮しながらも、無線機やアンテナ、バッテリーといった高額な買い物に、大枚のお金を出してくれた。「子供の才能を伸ばしてやりたい、自由に探求させたい、という親心であったのだろうが、金銭的なことは一切口に出さない母親であった。それだけに陰では一家五人が生活していくためのやりくりが大変であったと思う」と自伝の中で述べている。無線は、井深氏を科学技術の世界へと誘《いざな》っていったのである。

旧制中学は五年制だったが、四年終了の時点で、高校に進む秀才たちもいた。彼らに刺激されて、井深氏も勉学意欲を取り戻す。無線絶ちして受験勉強に励んだ。人から言われてもてこでも動かないが、自分で決意すると、猛然と頑張るという人が、このタイプには多い。

井深大（1908-1997）

早稲田大学第一高等学院に進んだ井深氏は、寮生活を経験したり、科学部で活躍したりして交友を深め、電気工学への知識を高めるとともに、社会的スキルを磨いた。録音技術に関心をもった井深氏は、写真化学研究所という会社に就職した。自ら特許の申請も行わねばならず、そのとき、特許について学んだことが大いに勉強になったという。

その後、日本光音工業に移り、研究開発の仕事を続けた。三十二歳のとき、そのブラウン管・真空管部門が日本測定器として独立した際、開発製造担当常務として加わった。戦時中は、軍の探知機や秘密兵器の開発に取り組み、日本測定器は従業員八百人を抱えるまでに成長したが、敗戦。焼け野が原となった東京に、辛うじて焼け残った白木屋デパートの一室を借りて立ち上げたのが、東京通信研究所、ソニーの前身である。

井深氏は、視覚言語型の典型的な技術者タイプの特性を備えながら、同時に高い社会的スキルや才覚を兼ね備えることによって、経営者としても大成功を収めることができた。社会的スキルや社会的才覚を磨く上で、寮生活や科学部での交友が大いに役立っただろうし、挫折体験を乗り越えたことも強みとなったに違いない。それを背後で支えたのは、母親の愛情のこもった信頼と支援であっただろう。その母親は、氏が二十九歳のときに他界している。

超ビッグな有名人が続いたが、このタイプは本来もっと地味で目立たないが、技術者や専門家として、しっかりした仕事を黙々とこなすといったタイプに多い。有名人ではない市井のケースを一人紹介しておこう。

人付き合いの苦手な男性の独立（Sさんの場合）

子どもの頃から口数が少なく、遊び友達も少なかったSさんの楽しみは、歴史の本を読んだり、プラモデルで遊んだりすることだった。勉強はよくできた。ことに、記憶力がよく、暗記科目は得意だった。しかし、わかっていても自分から発表することはなく、「もっと積極的に発表しよう」とか、「もっと意見を言おう」ということをいつも通信簿に書かれた。

内弁慶で、外ではおとなしい一方、癇癪《かんしゃく》持ちで、家の中ではわがままを言い、思い通りにならないと暴れることもあった。

中学、高校になると、ますます交友も減って、学校が終わるとまっすぐ家に帰った。本人は大学に進みたかったが、実家に経済的余裕がなかったため、進学を諦め、自宅から通える会社に就職した。勤務は真面目であるが、誰とも口を利かず、昼休みに話もしないので、周囲からいつとはなしに孤立していた。

ある日、突然、会社に行かなくなり、上司が説得に訪れたが、うつむいているだけだった。退職したまま職探しもせず、家にこもっていた。心配した両親は方々相談したり、人に頼んで、本人を説得してもらったりしたが、本人はまったく動こうとしなかった。

それから五年ほど、そのままの状態が続いたが、ある頃から本人が勉強する姿が見られるようになった。何の勉強をしているとも本人は言わず、二、三年たった頃に、法律の勉強をしているということがわかった。両親は半信半疑で、今さら勉強をしても無駄ではないかと思っていたが、これまでの経緯もあり、口出しするのは控えて好きにさせていた。

Sさんが挑戦していたのは、司法書士の試験だった。その後もSさんは勉強を続け、毎年、試験を受けたが、結果は、毎年、不合格だった。Sさんの年は三十を超え、あっという間に、三十代半ばになっていた。一生無理だろうと両親が思いはじめていたとき、合格したという知らせが来た。Sさんは三十六歳だった。Sさんは小さな事務所を出し、独立した。最初は、客あしらいも不慣れで、仕事もなかなか増えなかったが、実直で、几帳面な仕事ぶりが信頼されて、二年もすると仕事は軌道に乗った。結婚して子どももでき、性格もすっかり明るく、社交的になった。

視覚言語型の人は、論理的思考力や記憶力に優れていることが多く、法律や会計などの資格をとることで、経済的な独立を成し遂げ、それを足掛かりに社会的スキルも磨いていくというケースが少なくない。遊びで人付き合いを楽しむということには関心がないが、仕事や必要に迫られてという状況では人付き合いもとうとする。つまり、仕事をするようになってから、社会的スキルも覚えていくというケースが多い。

これまでの教育の枠組みでは、このタイプの子どもたちは、学校時代に社会的スキルを磨く機会はあまり与えられず、就職してから、やむを得ず訓練するということになりがちだった。社会に余裕があり、職場が人材を育ててくれていた頃は、それでも何とか自立していくことができた。しかし、コスト競争が厳しくなり、即戦力しか雇わないというせちがらい職場環境の中で、社会的スキルが乏しいと、たとえ職能の点では問題がなくても仕事を続けるのが難しくなる。

教育が早い段階から社会スキルを育てていく取り組みをすることが、待ったなしに求められているのである。

このタイプは器用に手を広げないがゆえに、一つのことをやりだしたら根気よくやり続けるという人が多く、その積み重ねによって大成するということがしばしば見られる。Sさんのように十年かかったとはいえ、ニーズの高い資格を手に入れることができれば、その後の生活は安定し、人生を取り戻すことも可能だ。しかし、こうした幸運なケースばかりでないことは言うまでもない。

もっと早い段階から社会的スキルを高めるトレーニングが行われ、視覚言語型の人の能力や特性を生かす選択肢が用意されていれば、もう少しスムーズに人生設計をすることができるだろう。例えば、もう少し容易な資格から順番に取得でき、実務経験を積みながら、段階的に積み上げていけるような仕組みである。

例えば、会計の分野では、公認会計士と税理士との間に、財務士という資格を設けることで、ステップアップしやすくするということが考えられている。

働きながらステップアップしていくという、希望のもてるライフデザインが描けるような仕組みが、人材の有効活用のために必要であるし、そうした仕組みは、このタイプの人たちにとって、職業的技能だけでなく、社会的スキルもトレーニングしながら総合的な能力を高めていくのに役立つだろう。

視覚言語型の子の自立に向けた課題

視覚言語型の子で弱いのは、社会的認知や社会的スキルの面である。また、子どもによっては実行機能や統合能力に弱点がある場合もある。記憶力に優れ、文章言語以外にも、数字や記号にも強い反面、実技面や管理面での能力は見劣りし、課題を抱えることが多い。

幼い頃から、体験型の学習や実技的な学習を増やし、自分のことは自分で管理させる習慣をつけて、自立に向けた準備を進めていくことが重要だろう。早くから役割を与えたり、仕事をさせたりして、責任をもって働く機会をもつことは、このタイプの子どもの現実感覚や社会的意識、勤労意欲を強化するのに役立つ。

社会的スキルのベースとなる共感性

今若い人たちの自立の障害になっているのが、社会的スキルの不足である。社会的スキルは共感性をベースに育っていくので、共感性が乏しいと身につきにくい。視覚言語型の人では、概して共感性や社会的スキルが乏しい傾向が見られる。

したがって、このタイプの人の場合、早い段階から社会的体験を豊富にして、チームワークやコミュニケーションを学んでいく必要がある。それによって弱い部分を補えると、このタイプの人は自分の持ち味を集団や社会の中で発揮しやすくなる。

物理学者でノーベル賞受賞者の小柴昌俊氏は、活字と見たら読まずにはいられない本の虫で、いつも目が赤いので、「ウサギ」というあだ名をつけられていたほどだった。その小柴少年が、中学一年のときに小児マヒにかかり、五か月学校を休んだ。そのとき、担任の先生が入院先の病院に見舞いにもってきてくれたのが、『物理学はいかに創られたか』という本で、それが物理学との最初の出会いだったという。

しかし、小柴氏は、本ばかりを読む、単なる秀才ではなかった。理論物理ではなく、実験物理を専攻することになる小柴氏にとって、チームで仕事をする能力や人を動かす政治的能力は、研究者としての才能に劣らず重要だった。その器の大きさを見込まれて、大きなチャンスを手に入れてきたのだ。

小柴氏が、そうした人間的魅力やリーダーシップを身につけるのに役立ったのは、勉学とは別の部分での経験だった。一高時代、小柴氏は、自ら立候補して、全寮委員会の副委員長を務めた。おまけに、生活費を稼ぐためにアルバイトもしなければならず、学校に行くのは週に一日という状況で、成績は落ちる一方だった。だが、そうした経験が、後にチームをまとめる力として大いに役立つことになった。

二つ以上の特性が混じり合うことで、より特異な才能が生まれる

子どもによっては、一つの情報処理系だけが発達しているのではなく、二つ以上の優れた情報処理系をもつことがある。二つの特性が併存し、混じり合っているのである。その場合、どちらか一方を伸ばすよりも、その両方を生かすことが、特異な個性、他に真似のできない強みを手に入れることにつながる。

逆に言えば、スムーズに自立を成し遂げ、成功している人は一つの特性に偏りすぎず、複数の情報処理モードをそれなりに使いこなせるということが多い。優れた特性を伸ばしつつ、やや弱いチャンネルも鍛えていくことが、適応を容易にし、自立を成し遂げる上で大事だと言えるだろう。そうした課題にじっくり取り組めるのは、子ども時代から青年期までの時間をおいてないのである。

この貴重な時間を、表面的な学力にばかりとらわれるのではなく、総合的な人間力を高めるという視点で、大切に使いたいものである。

その意味で、すでに脳ができあがった大人では、情報処理のタイプによる違いは子ども以上に厳然と存在する。したがって、特性に応じた学び方や課題の処理の仕方というものは、いっそう重要性を増す。自分の特性を理解し、それに合った学び方や働き方をすることが、その人の人生の質や成功を左右するのだ。職業訓練や職場での人事においても、その人のもち味を最大限に生かすと同時に、不適応やうつなどのトラブルを防いでいくためにも、特性を踏まえた人材の活用、能力開発が不可欠になっている。

第4章
海外の教育から学ぶ

子どもの特性は多様で、その子が関心をもつ対象も異なれば、その子に適した教え方も違っている。日本ではそうした子どもの多様性よりも、同じことをすべての子どもが学ぶことが平等であるという意識が強かった。みんなが同じことをするのがよいことだと考え、極めて画一的な内容を、極めて画一的な方法で教えてきたのだ。ずっとそういう教育に慣れ親しんだ者には、それが当たり前のことにさえ思えるが、そうした教育を続けている国は、先進国の中ではむしろ特異なのである。

教育は、その内容においても、方法においても、もっと多様なものであり、もっと幅広くさまざまな可能性が追究されてしかるべきである。

もちろん、欧米の中でも、教育がうまくいっている国もあれば、日本のように苦しんでいる国もある。

どの国の方法も、どれか一つが正解だというわけではなく、それぞれ良さもあれば、欠点もある。ある子どもにとっては優れたものであっても、ある子どもにとっては合わないということも当然出てくる。

そうした点を克服するために、教育を多様化する方向に発展させてきたのが、オランダである。オランダでは、子どもの特性や親の考え方によって、さまざまなスタイルの教育を自由に選ぶことができる。それによって、全体として、多様なニーズに応えることができる仕組みをつくり上げてきた。

一方、すべての生徒が同じ教育を受けるという原則を維持しながら、学校の仕組みや授業の方法を工夫することによって、多様な特性や能力に対応しようとして成功しているのが、フィンランドである。

二つの国には共通点がある。それは、どちらもテストや競争をあまり重視しないということである。

それに対して、競争を重視し、一部のエリートを国のリーダーとして育てることに熱心な国もある。その代表は、アメリカやイギリス、フランスである。

こうした国々では、子どもの間で学力の格差が広がり、落ちこぼれが生まれてしまうことには目をつぶる。競争を勝ち上がったエリートを育てることに、国の未来がかかっていると考えるのだ。

したがって、これらの国々は国全体で見ると、子どもたちの学力は低迷している。失業率は高く、仕事に就けない若者も多い。その一方で、エリート教育を勝ち残った者は、世界のどこであれ通用する本物のエリートである。フランスのように、最高学府に入学すること自体が極めて狭き門であるところもあれば、アメリカのように、入学するのはそれほどでなくても、卒業するまでに猛勉強とハイレベルの訓練を強いられるところもある。

どちらも、その卒業生は優秀で、実際に各界でリーダーとして活躍している。社会で通用するという点では申し分ない。通用するように育てられ、通用する者しか、卒業できない仕組みになっているからである。

また、子どもの特性の違いを前提に、それぞれに合った自立という観点から、職業教育に早くから力を入れるのがドイツとスイスである。

日本の教育は、競争重視型に属するわけだが、エリート教育という点でも、あまり成功しているとは言えない。職業的技能という点では、さらにお粗末である。有名大学、一流大学と言われる大学でさえも、国際的な観点で言うと、その評価はあまり高くない。実際、一流と言われる大学を出ても、専門的な能力においても、総合的な能力においても、社会に通用しないというケースが増えている。

その一方で、全体としての学力も低下するばかりである。かつては、学力世界一を誇ったこともあり、授業態度のよさや従順さでは評価が高かったのであるが、それさえ、うまく機能しなくなって久しい。学校で、授業自体が成り立たないところが増えている。それも小中学校だけの話ではなく、大学でも授業が聞き取りにくいほど私語がひどく、ケータイは鳴りっぱなしで、化粧をしたりゲームをしたりしている学生もいるというありさまで、クラス崩壊が起きているところもある。

落ちこぼれをつくらないことにも、エリートを育成することにも、どちらにも失敗しているのだ。学力だけでなく、自立し、社会で生き抜いていくための総合的な力を問題にすれば、その状況は目を覆うべきものがある。

この章では、代表的な国の教育の特徴を見ていき、そこから逆に日本の教育のあり方を考えていきたいと思う。

①オランダの教育

成熟した個人主義社会オランダ

オランダでは、自立がとても早いことが知られている。われわれ日本人よりも、二百年は長い自由主義の伝統をもつ、成熟した個人主義社会であるオランダでは、子どもが自立することを念頭に置いた子育てや教育が早い段階から始まるのである。

かといって、スパルタ式に幼い頃から厳しく鍛え上げるというわけではない。まったく逆である。オランダは、幼いうちは子どもを甘やかすと言っていいくらい、とても大切にすることで知られている。夫婦共働きが多いにもかかわらず、保育所に預ける人は少ない。それが可能なのは、パートタイマー革命と呼ばれる雇用制度の改革によって、非正規、正規雇用の間の賃金格差がないため、その人のライフサイクルに合わせた働き方を選べることによる。

つまり、夫が三日、妻が三日、交代で働くといったことも可能なのだ。男女の平等意識が徹底しているこの国では、家事も子育ても、夫婦で平等に負担するのは当たり前のことである。

小学校に上がる頃までは、甘やかして大切に育てられる。しかし、小学校に上がった頃から、自主性や自分の責任ということを教え込まれる。それは、子育てでも、教育でも、一貫している姿勢だ。自分のことは自分でやる、自分のことは自分で決める、ルールや約束を守る、自分の責任を果たす、といったことが、勉強ができる、できないなどよりも、ずっと重視されるのだ。

社会へ出て、一人の社会人として自立することを常に想定して、かかわりや働きかけが行われる。なおオランダでは、小学校は八年制で、満四歳になった段階で子どもは小学校に入学し、そのまま上がっていく。幼児教育専門の幼稚園はなく、幼児教育と小学校教育は連続して行われる。もちろん学校が合わなければ、途中で変わることも自由だ。

オランダの教育の大きな特徴は、小学校の段階から、私立はもちろん、公立の学校であっても、通う学校を自由に選べることである。親が本人を連れて、校長先生に会い、その学校がその子に向いているかどうかを話し合った上で、通うかどうかを決める。公立の学校では、定員がオーバーしていない限り、通学を希望すれば、受け入れを拒否することはできないようになっている。

多様な教育の形

オランダの教育のもう一つの特徴は、その多様性だ。さまざまな教育理論に基づく、さまざまなタイプの学校があるだけでなく、また、それぞれの学校において、それぞれの子どもの特性に合わせた学習や活動が行われることが、ごく普通なのである。オランダの教育でもっとも重視されるのは、一人ひとりの子どものニーズに合った教育が行われているかということである。

実際、時間割も、小学校の段階から自分で決めさせるというところが多い。与えられたことをただ受け身的に学習するという形式ではなく、子どもが学びたいことを自ら選んで学ぶという形をとる。

したがって、自主学習の時間を重視する。本人の進歩に合わせて、学習に取り組むのである。その一方で、共同してチームワークで取り組む授業もしっかり設けられている。演劇をするといったことも、特別な行事としてではなく、授業で行われている学校が少なくない。

さまざまな教育メソッドに基づいた「オールタナティブ教育」（代替教育）が発展したことにより、昔から行われている教育の方式、つまり教師が前に立って説明し、それを子どもたちが聞くという「古典的な」教育の仕方よりも、実際に手を動かしたり、体で体験して学んだりという方法が大幅に取り入れられている。以下に詳述するモンテッソーリやシュタイナー、イエナプラン、ダルトン、フレイネなどの方式による学校が増えているだけでなく、一般の公立学校も、オールタナティブ教育の方法を取り入れながら発展してきた。

モンテッソーリ教育は、優れた教具を用いることで、日本でもよく知られている。美しいだけでなく、手触りを楽しむことができる教材は、抽象的な概念も体験的に具体的に学ぶことができるように工夫されている。これらの教具は先生が前で説明するのに使うのではなく、子ども一人ひとりが机の上で触って使うことで、「発見」をするためのものである。モンテッソーリのもう一つの特徴は、三つの異なる年齢層の子を同じグループに入れて学ばせる、縦割り教育を行うことである。これによって、より奥行きのある社会的体験を積ませることを目指している。

シュタイナー教育も、日本で広く知られているので、あらためて紹介するまでもないだろうが、オーストリアのルドルフ・シュタイナーの理念に基づいた教育法である。子どもの豊かな人間的成長を教育の根幹に据え、個々の子どもの自発的な学びや発達を大切にする。頭で学ぶ知的な発達だけでなく、意志の力や心で感じる能力、手を動かして、物をつくる能力を重視する。演劇やオイリュトミーと呼ばれる身体表現を行う運動、芸術的表現にも力を注いでいる。アメリカなど世界各国に広がりを見せている。シュタイナー教育でも、縦割りクラスが採用されている。

イエナプラン教育は、ドイツのイエナ大学の教育学教授ペーターセンが一九二三年に同校の付属実験校で創始したもので、オランダで近年もっとも普及が著しいものである。イエナプラン教育では、十人程度のグループを中心にして、自分が学習したことをグループの中で発表することが基本となっている。子どもたちの活動を〈話す〉〈遊ぶ〉〈働く〉〈祝う〉の四つに分けて、これらの活動をリズムよく循環させる。イエナプランでも、年齢の異なる子どもが同じクラスで学ぶ方式をとっている。一人の子どもは、年下の立場、真ん中の立場、年上の立場を順繰りに経験することができる。先生が教えるばかりではなく、子どもたち同士で教えるということが自然と身についていく。力を合わせ、助け合いながら学んでいくのである。そうした体験が社会に出たときに役立つことになる。

ダルトン教育は、アメリカのウィスコンシン州出身の女性教師ヘレン・パークハーストが始めた教育メソッドである。ダルトン教育では、自主性と責任がとても重んじられる。子どもたちは、自分で時間割を決め、それに基づいて、それぞれの子どもに一週間の学習課題を与え、それを子どもたちは期限までに仕上げる。学習中は、他の人の迷惑にならないようにするといった約束事がきちんと守られる。

フレイネ教育でも、子どもたちは自分でつくった、それぞれの時間割に従って勉強する。フレイネ教育は、フランスの労働者の子どもを対象に始まったもので、共同して働くことを教育の根幹に据えている。校内の仕事をグループで担当する以外にも、印刷や本づくり、木工といった手仕事を取り入れている。

フレイネ教育の特徴のもう一つは、子どもたちの作文を非常に重視することで、学んだことや発見したことを壁新聞に発表したり、本をつくったり、子どもの作文を起点にして、授業を発展させていく。しかも、それらは課外活動的に行われるのではなく、中心的な授業として取り組まれる。

このように、われわれが授業とか、学校の勉強と思っているものは、一つの古典的な方式にすぎず、さまざまな形式の学習が現実に行われ、成果を生んでいる。

これらの教育に共通することの一つは、子ども一人ひとりの関心や主体性を最大限に尊重するということである。それによって、子どもの特性やペースに合った学習が可能になる。同時に、社会性を育《はぐく》み、統合機能を高めるための工夫がよく施されている。

情報処理の多様なモードを用いることで、聴覚言語型の子どもだけでなく、視覚空間型や視覚言語型の子どもにも学びやすくなる。子どもたちの可能性を最大限引き出すとともに、子どもたちが将来大人になったときに自分で考えて行動し、課題に立ち向かっていける能力やスキルを身につけさせようとしている。

教育の内容も、学校によって、教師によって、多様である。オランダの教育では、いわゆる全国一律の教科書というものはない。算数などでは、教師が選んだテキストが用いられるが、教師が自由に選ぶことができる。国語には、日本のような短い文章を集めたテキストは使われず、実際の本が使われる。同じ本をみんなで読むこともあるが、自分の読みたい本を自由に読むことも重視される。

受験も塾も宿題もない

オランダにおいて、こうした教育が可能な理由の一つは受験というものが存在しないことである。中学入試も、高校入試も、大学受験もないのだ。高校の卒業資格があれば、志望するどこの大学にでも進める。志望者が多数の場合はくじ引きで決める。卒業資格をとるに当たっては、学力だけでなく、実習課題も重要視される。自分で調査したり、議論したり、報告したりする実践的な能力がついているかどうかが評価される。つまり、大学での研究であれ、社会へ出ての職業においてであれ、実践に耐える能力の育成が図られるのだ。

受験勉強に追われることがないので、子どもたちはのびのびと本来の学習や活動に取り組むことができる。勉強はやらされてするものではなく、自分がやりたいと思ってするものだという意識が徹底しているので、宿題もない。受験がないので塾もない。

中高は一貫教育で、大学に進学を希望する人は、六年制のＶＷＯ《フェヴェーオー》（大学進学コース）に進み、将来、高等職業専門学校に行って、高度な専門技術を学びたい人は、五年制のＨＡＶＯ《ハーヴォ》（高等職業専門学校準備コース）を選ぶ。手仕事的な職業技術を身につけて、早く働きたい人は、四年制のＶＭＢＯ《フォーエムヴューオー》（中等職業専門学校準備コース）に進む。ＶＭＢＯは、さらに技術系や看護・福祉系、経済系、農業系に分かれている。中学に進む段階でコースをおおむね選択するのであるが、まだ決めきれない子のために、最初の二年くらいは二つのコースが併設されたクラスが設けられている。

また、いったん一つのコースに進んでも、コースを変更することが可能である。例えば、VWOについていけず、留年してしまったという場合も、HAVOに移ると、そのまま進級することができる。逆に、VMBOを選択しても、一定の成績以上をとっていれば、HAVOに移ることができる。また、VMBOを修了すれば、HAVOに移りたい場合は、四年生に編入することができる。一年遅れることになるが、本人の意欲さえあれば挽回することもできる。

成績には順位をつけない

入試もなく、塾も予備校もないオランダでは、子どもの成績に順位をつけるということもしない。そもそも子どもたちは多様な学び方をしているので、一つの物差しで測るということに意味を置かないのだ。学校に、偏差値によるランク付けもない。順位やランクではなく、本人の特性に合った、本人の可能性を最大限に伸ばせる学校や教育が、最高の学校であり、教育であると考えるのだ。こうした点は、フィンランドやデンマークなど教育先進国では同じである。順位をつけ、優劣をつけるのではなく、理解できた子が、まだ理解できていない子を教えるという教え合いを、むしろ教育の根幹として利用している。

こんなふうにのびのびと、ゆったりとした教育が行われていても、PISAの学力テスト（56頁参照）では上位にランクされている。

もう一つ日本と異なる点は、クラブ活動のような課外活動が学校では行われないことである。この点はフィンランドなども同じである。では、課外活動がないのかといえば、盛んに行われている。ほとんどの子どもたちが、学校外の課外活動に、何らかの形で参加している。つまり、課外時間まで学校という狭い単位に縛られることを嫌うのである。課外活動では、学校の違う子どもたちが出会い、そこでは、また学校とは違う関係が展開される。こうしたことが、いじめの防止にも役立つという。確かに、クラスでの関係が課外活動にまでもち込まれることで、課外活動が息抜きになるどころか、さらに人間関係を煮詰まったものにしてしまうという場合も少なくないことを考えると、オランダ方式は風通しをよくして、逃げ場を失うことを防いでいるのだろう。

オランダのような成熟した個人主義社会は、人間関係というものが大切であることを認識しつつ、それがもたらし得る負の側面も熟知しているのである。

子どもたちは、早い段階から、学校以外での人間関係を経験し、広い視野をもつようになる。狭い集団や組織にとらわれて、その視点に縛られすぎることは、結局、人間の視野を狭めてしまう。五人組的なせせこましさが残る日本の社会が、スマートな個人主義社会に脱皮するためには、一つの組織や枠組みばかりが幅を利かせる状況を解消していかねばならないのかもしれない。

男女交際の仕方も学校で教える

オランダの教育のもう一つの大きな特色は、社会的スキルを学ばせることを大変重要視していることである。グループ活動や多年齢クラスのような仕組み自体もそうであるが、カリキュラムや課題にも、そうした要素がふんだんに取り入れられている。

小学校の段階から、親切にする、一緒に遊ぶ、役割を実行する、自分を表現する、選択をする、経験を分かち合う、自分を守る、ケンカを処理する、といった、もっとも基本的で、もっとも重要な社会的スキルが、指導内容として繰り返し取り上げられる。それを単に言葉で学ぶだけでなく、ロールプレイ（場面を設定し、役を演じることでソーシャルスキルを訓練する手法）などを行って、実践的に学んでいく。

中等教育になると、「フェルゾルヒング」（世話をするの意）という独立した科目があり、自己管理から対人関係、人生設計までを、学び、考えていく。また、一つのテーマについてディベート（討論）することもよく行われる。

男女の交際の仕方や、ラブレターを受け取ったときにどうすべきかまで、子どもが自立し、伴侶《はんりょ》を得るのに必要なスキルが一つひとつ具体的、実践的に学べるようになっている。性的な暴力や性的虐待に遭遇したときにどうやって助けを求めるかまで、きちっとテーマとして取り上げ、スキルとして学ばせるのである。

麻薬やアルコール中毒の危険についても、もちろん、早くから教えられる。オランダは麻薬についての規制が緩いことで知られ、個人の自由に委ねられている部分が大きいのだが、正しい知識を身につけた上で、自分で判断させるということが徹底している。

日本の教育の「常識」は思い込みにすぎない

オランダの例を見ただけでも、日本で通常行われている教育がいかに狭く、画一的なものであるかということを痛感させられるだろう。もちろん、日本の教育にも、グループ学習やＳＳＴ（社会技能訓練）、ピアサポート（仲間同士で助け合う教育手法）など、新しい教育メソッドが取り入れられ、積極的に活用している学校もある。

しかし、大勢においては、子どもの特性や事情に関係なく一律の時間割と学習内容を課し、講義式の授業を中心に、多くの時間が使われているのが実情ではないだろうか。また、十五歳、さらには十八歳という脳が固まってしまう年齢まで、みんなが同じ五教科を学び、受験するというのが日本では当たり前だ。だが、日本での「常識」は、何ら「常識」ではないのである。そうした形態とは、まったく違う形態で行われている教育の形もあり、極めてうまく機能しているからである。

オランダの子どもたちと比べたとき、日本の子どもたちが何ともかわいそうだと思うのは、私だけだろうか。そうして小さい頃から苦労して、大人になったときに報われるのであれば、まだしもと思えるだろう。しかし、幼い頃勉強に明け暮れた末に、学業からも、就職からもドロップアウトしてしまう若者たちがどれほど多いかを考えると、その理不尽な状況に慄然《りつぜん》としてしまう。

ちなみに、先進国の中で、生活満足度がもっとも高かった国がこのオランダであり、OECDの調査で、約九割の国民が十段階評価で七以上の高い満足度を示している（157頁参照）。一方、日本人の生活満足度は、先進国中もっとも低く、七以上の満足度を答えた人は、約五割にとどまった。生活満足度は自殺率とよく相関することで知られており、オランダの自殺率は日本の約三分の一で、先進国の中でもっとも低い水準である。

②フィンランドの教育

学力世界一で注目されるフィンランド方式

OECD(経済協力開発機構)が、二〇〇三年に実施した国際的な学力テストであるPISAにおいて、日本などが大幅にランクを下げる中、世界一の成績を収めたのが、フィンランドである。ことに日本の低下が目立つ読解力においても、フィンランドは優れた成績を収めた。二〇〇六年、二〇〇九年に行われたPISA2006、PISA2009においても、上海や韓国といった新興勢力が台頭する中、先進国では断然トップの座を守っている。

北欧の小国の教育は、にわかに注目の的となったのである。以前、行われた国際学力テストにおいて、日本は学力世界一と評価されていた時期もあった。その当時、フィンランドは先進国の中で特に優れていたというわけでもなかった。その頃、フィンランドは経済的にも低迷し、そうした苦境を乗り切ろうと、国を挙げて取り組む中で、特に注力したのが教育だった。国家予算の一割を教育につぎ込むという思い切った政策を行い、その成果が徐々に表れたのが、学力世界一という結果だったのだ。したが

各国の生活満足度（教育レベル別）

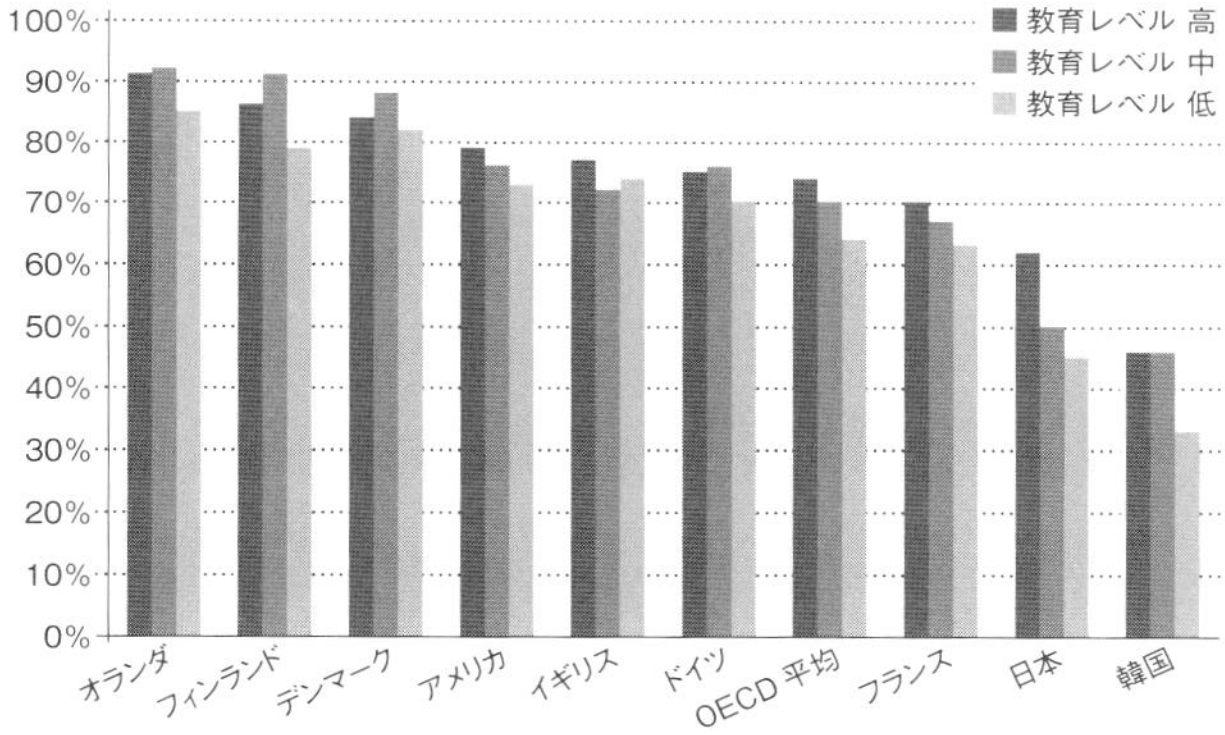

※教育レベルとは、「教育レベル低」が中学卒業程度、「教育レベル中」が高校卒業程度、「教育レベル高」が大学卒業程度の教育をいう。“Society at a Glance; OECD Social Indicators 2006 Edition”（2007）のデータより作成。

って、学力世界一は偶然ではなく、新しい教育観とたゆまぬ努力がもたらした、必然的とも言える結果なのである。

　フィンランドでは、大学まで一切授業料はかからず、また、教材や給食もすべて無償で提供される。教材として使われるワークブックなどは、非常に工夫されて、優れたものだという。経済的、家庭的事情に左右されることなく、どの子も自分のもっている可能性を最大限に伸ばすチャンスが与えられるのだ。少人数学級が徹底され、二十四人以下のクラス編成である。

　クラスの人数がゆったりしているだけではない。授業時間数も先進国の中でもっとも少なく、超ゆとり教育の国なのだ。ゆとり時代の日本より、さらに年間にして三十時間ほど短い。日本では、学力低下がゆとり教育のせいにされているが、どうやら問題の本質は、そういうことではなさそうだ。

フィンランドの改革で重要だったのは中央からの縛りを大枠にとどめ、自治体や学校、現場の教師の裁量と責任による部分を大きくしたことである。一九九二年には、教科書検定も廃止し、九四年には、日本の指導要領に当たる国家カリキュラムが、大綱的なガイドラインに改められた。

教師は、それぞれの子どもに合った教育方法を自由に選択することができるが、同時に、高い専門性を要求されるようになった。フィンランドの教師は全員が大学院修士課程修了者である。教師も学び続けることが求められる一方、大きな裁量権と保障された地位をもつ。教師に対する人事考課は行わず、給与は経験年数で決まる。競争原理をもち込み、点数や人気に踊らされたのでは、本当の教育はできないと考えるのだ。教師自身が自信と余裕をもち、自分の責任感と自主的な意欲によって取り組むに任せた方が、のびのびとした教育が行われるのであろう。実際に、きめの細かい、一人ひとりのニーズに応えられる教育が実現していることが、それを裏づけている。

こうしたレベルの高い教育が、どんな寒村に住んでいる子どもであろうと、すべての子どもに提供されるのである。

フィンランドの学校教育が掲げる目標の一つは、落ちこぼれをつくらないということであり、そのために競争ではなく、助け合うことを重視する。もう一つは、社会で通用する教育ということであり、生きるための知識と技術を身につけることが、教育目標に掲げられている。学校で勉強したことを生活の中の実践で生かせることに眼目を置くのである。そして、もう一つは、一人ひとりの特性やニーズに応じ、それを最大限伸ばせる教育を行うということである。

こうした困難な課題を、どのような方法で実現しようとしたのだろうか。それを見ていく前に、家庭での子どもに対するかかわり方について、簡単に触れておこう。

子育てと家庭の時間を大事にする

フィンランドがオランダと共通する点は、子育てや家庭を非常に大事にするということである。それは、精神論ではなく、実践論での話だ。どちらも残業がなく、帰宅が早いので、父親も母親も、子どもと長くすごすことができる。フィンランドでは、午後三時をすぎると社員は帰りはじめ、五時をすぎると会社には誰もいなくなるという。六時にはみんな帰宅して、家のことや自分の趣味に時間を使える。家族でそろって夕食の食卓を囲むことを、オランダ人もフィンランド人も大切にする。

夫婦共働きが主流であるにもかかわらず、保育所に預ける割合が低い点も、オランダと共通する。三年間の出産休暇が認められ、復帰後は元の地位に戻ることが法律で保障されている。また、家庭で育てる人には、家庭保育給付という手当てが支給される。つまり、保育所にあずかってもらった場合に補助が出るのと同じように、母親が自分で育てていることに対する手当てが出るのである。こうした手厚い子育て支援によって、ゆったりと子どもにかかわることができる。

大抵の家庭がサウナ付きの別荘をもち、湖のほとりの別荘で週末をすごす。お金をかけて遊ぶのではなく、釣りをしたり、薪《まき》を割ったり、料理をしたり、別荘の修理をして、一緒に力を合わせるのだ。

フィンランドでは、ドイツなどと同じく一年間に三十日分の有給休暇を消化することが法律で義務づられている。三十日といっても、土日は含まれないから、連続してとれば、六週間に相当する。夏には、三、四週間の長期休暇をとって、別荘でのんびりすごす。

子どもの主体性や責任を尊重する態度もオランダと似ている。子どもに勉強しろ、宿題しろと、口うるさく言ったりはしない。自分の人生は自分で決めればいいというスタンスなのだ。ただ、勉強していなければ、自分のやりたいことができなくなってしまうという現実は教える。勉強よりも重視するのは、自分のことは責任をもって自分でやるということである。自立した個人としてやっていけるようになることを、最優先課題と考えるのだ。

オランダと似ているもう一つの点は、どちらも非常に読書好きな国民だということだ。子どもの頃から自然に読書をする習慣が身につくようだ。休暇のすごし方としても、自然の中で読書をするといった心豊かなすごし方が好まれる。

習熟度別からグループ学習へ

フィンランドでは、かつて習熟度別学習が行われていた。子どもをレベル分けして、同じレベルの子どもごとにクラスをつくり、教えていたのだ。ところが、その方法では、できる子どもも、できない子どもも、あまり学力が伸びなかった。また、できないクラスに集まってくるのは、貧しい家庭出身の男子ばかりという状況も生まれ、クラスの運営がかえって大変になった。

そこで、習熟度別をやめて、中学まで選別をしない普通クラスで授業を行うことにし、できる子もできない子も、混合した状態に戻した。その上で、四、五人単位のグループ学習を取り入れた。科目ごとに、得意な子が不得意な子を教えるというやり方にしたのである。この方法の背景には、子どもは教師から一方的に教えられるよりも、子ども同士で教え合った方が効果的に学ぶという考え方がある。

このグループ学習が大変効果的だった。できる子も、できない子も、学習効果が上がった。教えることによって、さらに理解が深まるし、子ども同士の方がどこがわからないのかを察知しやすいのだ。また、教え合い、助け合うことで、学力以外の共感性や社会的スキルを高める効果もあった。

学習内容を理解しているかどうかを見るためのテストが行われることはあるが、他の生徒と成績を比較し、順番をつけるためのテストはない。教師も生徒も、生徒間の優劣にはあまり関心がなく、その子一人ひとりが主体的に学べているかが重視される。そのため、小学校段階では、自己評価に重きが置かれ、通知表にも、教師の評価とともに自己評価が記される。中学では、教師の評価が中心になるが、成績は絶対評価でつけられ、他の生徒との比較による相対評価ではない。言うまでもないことだが、相対評価では、どんなに全員が頑張っても、1や2がついてしまう子が一定の割合で生まれるが、絶対評価では、全員が「合格」以上をとることもできる。

フィンランド式教育の優れた点は、単に学力を高めたということにとどまらず、弱者への思いやりや人間としての責任といった社会性を育《はぐく》む点でも非常に有効だったことである。教え合い、助け合うという関係の中で、自然に社会性が身についていく。その端的な表れは、フィンランドでは、いじめが非常に少ないということである。また、不登校の問題もない。子どもたちは安心して学校に通い、楽しく学べる仕組がうまく機能している。

学習とは社会的行為である

こうしたグループ学習のバックボーンとなっているのが、レフ・ヴィゴツキーの社会的学習の理論である。ヴィゴツキーは、ロシアの天才的な発達心理学者だが、教育の分野にも多大な貢献を行った。ヴィゴツキーは、子どもたちの精神的発達が社会的なかかわりを通して起こることに注目した。知能というものを、個人的な能力ととらえるのではなく、人とかかわる中で発達するものととらえたのである。子どもは模倣することから学ぶが、それはまさに社会的学習である。ヴィゴツキーは共同で学ぶことを重視した。教え合ったり、真似たりしながら学ぶことが、本来の学習だと考えたのである。

こうした考え方は、近年、あらためてその価値が再評価されている。というのも、人類の知性の進化そのものが、かつて考えられていたような道具を用いる知性である「道具的知性」の発達によるというよりも、他人とかかわる知性である「社会的知性」の発達によるという社会的知性仮説が有力視されるようになるなど、知能における社会性の要素というものに注目が集まっているためである。

ヴィゴツキーはグループ学習というものを大変重視し、また実際に、グループ学習が大きな効果を生むことを見抜いていた。しかも、グループは同じレベルの子どもを集めたものよりも、違ったレベルの子どもを集めたグループの方がうまく機能することにも気づいていた。つまり、教えたり世話をする子と教えられたり助けられたりする子のかかわりができやすいのである。

知識は発見し、創造するもの

今も強い影響力をもっている学習理論の一つは、ピアジェの構成主義である。ジャン・ピアジェは、スイスの偉大な発達心理学者であり、知能の発達の研究によって、後世に大きな影響を与えた。われわれが従来抱いてきた知能観や教育原理というものは、ピアジェに負うところが大きい。ピアジェは、学習というものが受動的に知識を与えられるものではなく、能動的な体験の中で、自分の中で構成されるものであるという考え方を確立した。ただ、ピアジェの構成主義や発達理論は、学習の個人的な側面や認知的な側面に重きを置いたものであった。そのため、ピアジェの構成主義は、個人的構成主義とか、認知的構成主義といった呼び方をされる。

それに対して、学習の社会的側面を強調したのが、先に述べたとおり、ヴィゴツキーであるが、ヴィゴツキーも、学習を能動的な体験としてとらえたという点では、ピアジェと共通し、ヴィゴツキーの理論は、社会的構成主義という言い方で呼ばれる。

社会的構成主義における学習は、一人で教科書を読み、その内容を覚えることではない。社会的な目的のために、知識や情報を収集し、それを自分なりに構成して、また社会に発信する行為が学習なのである。つまり、そこには実践的な目的があり、主体的な営みがあり、他人との相互的なかかわりがあるのだ。

社会的構成主義に基づく学習理論に注目が集まるもう一つの理由は、企業や研究室などでの実際の活動が、まさに、社会的構成主義がイメージする学習にピッタリはまるということがある。

会社であれ、研究室であれ、教育現場であれ、医療現場であれ、今は何をするのも、主体的に情報を集め、それに基づいて知識を構成するだけでなく、チーム内の相互的関係性の中で、情報や意見をやり取りし、それに基づいて、また知識を再構成するということを際限なく繰り返しながら仕事を進めていく必要がある。学習は個人的にするものという感覚では、到底対応できないのだ。

学校段階から、こうした実践的な学習の技術を身につける意味でも、社会的構成主義のスタイルでの学び方は、力を発揮すると言えるだろう。

こうしたヴィゴツキーの社会的構成主義は、フィンランドの教育学者エンゲストロームにより修正を加えられ、「拡張する学習」という教育理論として定着している。「拡張する学習」理論では、知識は単なる受け売りではなく、主体的に発見し、創造するものなのであり、子どもに与えられるべき、決まった知識などというものはないのである。

総合制にこだわるフィンランド

フィンランドの教育の特色は、中学までは、子どもができるだけ同じ教育を受けることを大切にするという点である。その点で、中学の段階でコースが分かれていくオランダやドイツ、スイスとは異なり、アメリカや日本と同じだと言える。

フィンランドがそうした選択をしたのは、平等主義ということもあるが、その内実には、全員が同じことをするのが最善だからというよりも、集団が多様性をもった方がよりよく学べるという経験から得た認識がある。実際、先に述べたように、習熟度別で分けてしまうと、苦手な子ばかりが集まるクラスができ、学力の底上げにつながらなかった。むしろ、さまざまな能力の子がいた方が、教え合ったり、手本となったりすることで効率よく学べたのである。

集団が多様性をもつことは、それ以外にもさまざまなメリットがある。現実の社会もまた、多様なメンバーからなる以上、あまりにも均質な者ばかりが集まることは、ある局面では摩擦を減らすかもしれないが、問題を解決したり、異質なものを統合したりするといった、より重要な訓練をする機会を失ってしまう。

ただ、総合制という枠だけでは、子どもの個別のニーズや特性に対応しきれないことも明らかだ。そこで、フィンランドでは、その部分を選択授業や補習授業を行うことで補っている。

「自律と発見」を重視した教え方

フィンランドでは、先に述べたような教育理論に基づいて、教育方法も、教師が主導の講義型ではなく、学習者の「自律と発見」を重視した教授法に切り替わった。また、一九九四年には、「企業家教育」がカリキュラムに取り入れられた。これは、産業界からの要請に応えるものでもあったが、社会で通用する能力を育成するという理念と一致したのである。

見方を変えれば、生徒本人の自律と発見を重視する学習や企業家的技能を養成することは、主体的に、自分で試しながら学ぶことを得意とする視覚空間型や視覚言語型の子どもたちの特性とニーズに配慮した教育ということにもなろう。

こうした改革を行った時期、フィンランド経済はどん底にあったが、未来のために教育改革を優先したのだ。

その後、二〇〇三年のＰＩＳＡ学力テストでは学力世界一を成し遂げることになるが、その要因として、成績下位層の学力アップが大きかったことが指摘されている。つまり、落ちこぼれる者が、ぐっと少なくなったのである。

通常の教育方法で、もっとも落ちこぼれとなる危険が高く、成績下位層を占める常連が、視覚空間型の子どもたちであることを考えると、フィンランドの改革は、まさに、このタイプの子どもたちを救済する上で非常に有効だったと言えるだろう。教師が教えるのではなく、自分でやってみて、わからないところは生徒同士で教え合うというグループ学習の方式は、マイペースな視覚空間型の子どもたちが授業から落ちこぼれてしまい、劣等感や孤立感を抱いてしまうという悪循環を防ぐことにもなったのである。

高校入試はなく、大学より専門学校が人気

このようにのびのびとした教育が可能なのも、いわゆる受験という点取り競争の呪縛から自由であることが大きい。フィンランドでは、高校入試はなく、第五志望までを書いた願書を志望校に提出し、合否は中学校の最終成績で決められる。入試がないので、オランダ同様に塾もない。

日本のように進学校と職業高校の間の優劣意識や学校間格差、偏差値による序列もないので、本人に合った教育を受けられるか、通いやすいかという点で選ばれる。職業高校と普通科高校のいずれかに進んでも、途中で進路変更することもできる。

その一方で、日本とは異なり、中学を修了するのにも一定の成績が求められる。修了基準に達しない子どもは、本人の希望で「十年生」となって、もう一年、特別のカリキュラムで勉強することもできる。3パーセントの子どもが十年生となるが、むしろありがたい制度だと考えられている。中学の内容を理解できないままに高校に進んでしまうことの方が、その子にとって不利だと考えるのである。その分、高校での留年や中途退学率が低く、十年生に進んだ子が、高校を二年で修了することもできる。

唯一試験らしい試験は、大学入試ということになる。大学に進学するためには、大学入学資格試験に合格することと、各大学で実施される入試に合格することが必要になる。大学入学資格試験は、年に二回実施されている。これは、入試というよりは、日本で言えば高校卒業程度認定試験に近く、四科目に合格すれば、大学入学資格が与えられる。うち必修は、国語（フィンランド語）だけであり、それ以外は選択である。試験は記述式で行われる。一度にすべての科目に合格する必要はなく、連続する三回の試験で、四科目に合格すればよいという実に緩いものである。

大学別の入試は、日本で言えば二次試験に相当し、専門科目の試験と適性検査、面接などが課せられる。

学年の約六割の子が大学入学資格試験を受験し、約三割が大学に進む。しかし、フィンランドでも今人気が高いのは、四年制の高等職業専門学校（ポリテクニック）で、35パーセントがこちらに進む。高等職業専門学校を卒業してから、あるいは社会人になってから、大学に進む人も少なくない。生涯教育ということが、単なる言葉ではなく、当たり前の現実として実践され、それが高い経済成長にもつながっている。

この四年制の高等職業専門学校に象徴されるのが、職業教育の充実ぶりと地位の高さである。それにより、学力世界一という評価にもかかわらず、日本よりも職業系の高校、専門学校に進む人の割合が高いのである。

フィンランドの場合、普通科高校は約六割、約四割が職業高校に進む。一方、日本では、高校生の七割強が普通科に在学し、職業高校に進学する生徒は27パーセントにとどまる。依然として、大学志向、普通科志向が強いと言えるが、四年制大学の進学率は四割まで低下（卒業できた大卒者は36パーセント）しているのが現状である。

世界屈指の語学力の秘密

フィンランド人は語学が達者であることで知られていて、国民のほとんど誰もが英語を流暢《りゅうちょう》に使いこなすことができる。しかも、知識人の多くは四か国語を話し、五か国語以上を使いこなせる人も珍しくない。それがグローバル化した時代に大きな成長を成し遂げる一つの要因となっていることが指摘されている。

何年勉強しても、英語すら一向に使い物にならない日本人と、どこが違うのだろうか。しかも、フィンランド語は、他のヨーロッパ言語とは異なり、ウラル・アルタイ語系に属し、モンゴル語や日本語などと同じ起源をもつ言語なのだ。

その一つの理由は、フィンランドでは、フィンランド語とスウェーデン語の二か国語が公用語であるという事情が関係しているだろう。スウェーデン語は、ゲルマン系でドイツ語などと似ており、英語とも遠い親戚である。二言語併用の自治体（主に都市部）に住む子どもたちは、フィンランド語とスウェーデン語というまったく毛色の違う言語に触れて育ち、ことにスウェーデン語系フィンランド人の三分の二は二言語使用者《バイリンガル》である。

その上、小学三年から英語を習いはじめ、中学一年から第二外国語を習う。つまり、義務教育が終わった段階で、多くの子が四か国語を直接、間接に習っている。大学では、もう一か国語か二か国語習うので、五か国語以上を使いこなせる人が珍しくないのは、そうした背景や言語習慣の違いにある。

特に、英語が流暢《りゅうちょう》なのには、もう一つ理由があって、それはテレビの影響だという。フィンランドで放送されるテレビ番組は、アメリカで制作された番組が多く、それにフィンランド語の字幕をつけている。そのため、子どもたちは、テレビを見ているうちに、自然と英語のシャワーを浴び、楽しみながら身につくというわけだ。

一つの言語を不自由なく聴き取れるようになるためには、二千時間聴く必要があると言われる。毎日一時間英語の番組を見るとしても、六年たつ頃には、英語耳ができ上がっていることになる。日本でも、英語で放送する子ども向けの娯楽番組がもっとあれば、自然と身につくだろう。

経済的自立を意識した教育

フィンランドの教育では、社会に出たときに何ができるかということが重視される。小学校の頃から、仕事をすることを教育の重要な柱として取り入れている学校も多い。

高校より上の教育では、職業技能の習得が重視され、民間の資本やノウハウも活用することで、実際のニーズに即した技術者の育成を行う動きが広がっている。フィンランドでは、もともと私立の学校が少なかった。しかし近年、私立の高校が増えていて、その大部分は職業高校である。職業高校全体の半分以上を占めるようになっている。多くは、自治体と企業が地域のニーズに応えるため、共同で設立したものである。そこで学ぶことで、職業資格とともに、実際に企業で求められる技能が習得できる仕組みになっている。

大学教育や高等職業専門学校での教育も、実践で使えることを重視したものであり、フィンランドの大学教育は、企業のニーズに応えているという点でも、世界トップクラスの評価を得ている。

フィンランドは、社会福祉や教育の面だけでなく、経済の面でも成功を収めている。世界経済フォーラムによる国際競争力ランキングで、二〇一二年は世界第三位という高い評価を得ている。しかも、一週間の労働時間はわずか三十五時間、残業もないのが当たり前で、実質労働時間は、オランダと並んで先進国では最短である。一か月のサービス残業が、それを上回りかねない日本はというと、国際競争力で十位あたりに低迷している。福岡県とほぼ同じ五百万人余りの人口を抱えるにすぎない国が、これほど高い経済成長を示すことができるのも、高い教育水準ゆえであることは間違いない。教育の成功が、国家の繁栄と豊かな生活を実現しているのである。

こうしたフィンランド社会は、犯罪や非行が少ないことでも知られている。刑務所に収監されている人の割合は、日本よりさらに低く、アメリカのおよそ十五分の一である。

もう一つの現実

このように述べてくると、フィンランドは恵まれた福祉国家で、平和なユートピアのように錯覚してしまいそうになるが、フィンランドは、これまで何度も塗炭《とたん》の苦しみをなめ、そこから必死にはい上がり、ようやく今日の繁栄を築いてきたのである。その苦しみの元凶は、何といっても軍事大国ロシアと国境を接しているという地政学的に不安定な立地によるものだった。ロシアから何度も軍事侵攻を受け、占領されてきたのだ。コシアが日露戦争に敗れ、革命が起きたとき、その機に乗じて独立したが、その後、ナチスドイツとソ連（当時）の間に挟《はさ》まれて、独立は風前のともしびだった。第二次世界大戦中には、祖国の独立を守るために、ソ連（当時）と二度にわたって干戈《かんか》を交えたが、二度とも敗れ、領土の一部を失うと同時に、巨額の賠償金を背負わされた。ロシアに対する緊張感は今も残っており、フィンランドでは、十八歳以上の男子には半年から一年の兵役が課せられている。フィンランド国民は愛国心が強く、兵役の体験も社会的トレーニングやサバイバル訓練の機会としてとらえているようだ。

大国に挟まれた小国フィンランドの苦悩は、平和ボケから叩き起こされようとしている日本にとっても、決して他人事《ひとごと》ではない。

③ドイツの教育

ドイツの教育の特色は、中学の段階から、大学進学コースであるギムナジウム、職業教育コースの実科学校、普通教育コースの総合制学校、無試験で入れる基幹学校に分かれる点である。早くから将来の自立を意識した選択を迫られるのである。しかも、小学校に当たる基礎学校（グルントシューレ）は四年制であり、日本で言えば、小学四年が終わった段階で進路を決定することになる。日本の感覚からすると、早すぎるという感じだろうが、ドイツの子どもたちは、自立に向けた意識づけが小学校に上がった頃から少しずつ始まるのである。

そのことからもわかるように、オランダ以上に、将来その子がどういう形で自立するかということに対して、非常に現実的な見方をしている。しかも、オランダより、もっと分枝がはっきりしており、また、選抜試験もある点が大きく異なっている。

教育全体に占める中等学校での期間が長く、基幹学校で五年、実科学校、総合制学校で六年、ギムナジウムでは九年もの一貫教育を受けることになる。中等教育は非常に大きな存在感をもっており、思春期から青年期において、子どもから大人への橋渡しをする役割がはっきりしている。

ギムナジウムと総合制に進む子どもの割合は増加傾向にあるが、それでも、約半数の子どもは職業訓練を前提にした実科学校や基幹学校に進む。ことに、実科学校の人気が高く、特に女性の希望者が多い。実科学校は教育レベルが高いことでも知られる。実科学校出身者は、単なる技術者としてだけでなく、公務員や経営者として活躍する人も多い。職業コースを低く見がちな日本とは事情が異なっている。大学と職業専門学校のどちらにでも進める総合制の学校も三割程度あるが、成績優秀者の多くはギムナジウムに進む。

しかし、適性も意欲もないのに、無理に大学に行かせようとはせず、その子が生活に困らないように、手に職をつけることを優先する。職業コースを選択しても、将来、不利にならないように、制度や仕組みも整えられている。

私の知人の娘さんは、小学校時代、成績優秀で、ギムナジウムに進んだが、数学の成績が思ったように伸びず、また、古典語などの授業も負担となった。一時は悩んだものの、実科学校に転校する道を選んだ。暗かった表情がすっかり明るくなり、その後、職業教育を受けて、一人前の美容師になり、のびのびと活躍している。ドイツでは、今日もマイスターの制度が残っており、職業資格であるマイスターを取得するのは大変だが、いったんマイスターとなると、社会的地位も高く、生活は安定しやすい。一つの職業にばかり人材が集中し、せっかく技術を学んだのに職がないという事態にならないように、一定の規制を行っている。

子どもに合った進路をという点を優先して考えるので、親の満足や世間体のために、無理をしてでも大学に進学させられるという状況は起こりにくい。

ドイツでは、大学進学率が低く、大学に進むのは全体の三分の一で、大学を卒業する割合はわずか二割である。大学に進むためには、アビトゥーアと呼ばれる大学入学資格試験に合格する必要がある。アビトゥーアは、選択した二科目について、筆記試験および口頭試問で行われるが、一発勝負であり、浪人して受け直すということは認められないため、不合格になると進学の道が一生絶たれてしまうという問題がある。アビトゥーアに合格すれば、どこの大学ででも学ぶことができる。ただし、近年は、医学部、歯学部など一部の人気の高い学部では、志望者が増えすぎたため、別枠で入学試験を実施している。

ドイツではやはり塾はないが、宿題はあり、一日二〜三時間、家庭で学習する生徒は半数に上るという。

ドイツで近年増加が目立っているのは、自由ヴァルドルフ学校（シュタイナー学校）である。最初のシュタイナー学校がドイツのシュトゥットガルトで開設されたこともあり、シュタイナーの本家本元であり、州によっては非常に大きな勢力となっている。小・中・高一貫の十二年制で、知育偏重を排除し、数的な成績評価は行わず、自由研究型の学習を中心にして、規定の教科書は用いない。また、小学一年から、英語とフランス語の外国語教育が行われ、語学教育に力を注いでいることも知られている。映画『ネバーエンディング・ストーリー』などで知られる童話作家のミヒャエル・エンデは、自由ヴァルドルフ学校の出身である。

ドイツ人は、合理的で、実用を重んじ、節約家で、お金をかけるよりも手間暇をかけ、自分で手を動かすことを楽しむことで知られる。子どもを育てることにおいても、彼らは決して手を抜かないが、子どもの自立に対する態度においても、合理性と実用主義を貫くのである。その厳しさが、子どもの自立を促す方向に働いていることは間違いないだろう。

④イギリスの教育

イギリスは身分制の名残が色濃く残る社会であり、上流階級出身者のための教育と労働者階級の出身者が受ける教育が別建てになってきた。一方には、名門大学へ進学するためのエリート教育があり、一方には、早くから職業選択を意識した中等教育があった。

上流階級のための名門私立高校はパブリック・スクールと呼ばれ、高額な授業料が必要だが、大変恵まれた環境で、小学校の段階から独自の教育を行う。片や、95パーセントの一般市民は、公立の小学校をへて、その大部分は総合制中学校であるコンプリヘンシブ・スクールに進む。しかし、一部は、選抜試験のあるグラマー・スクールに進む。いずれも、公立の学校は無料である。グラマー・スクールでは大学進学のためのエリート教育を行う。つまり、イギリスには、私立であるパブリック・スクールと、公立のグラマー・スクールという二本立てのエリート教育が併存していることになる。

六百年以上の歴史をもつパブリック・スクールは、寄宿制であり、スポーツのフェアプレー精神を重視し、自由と規律を尊び、使命感や責任感をもつ、タフなリーダーを育成するという高邁《こうまい》な理想のもとに、人格教育を行っている。イートンやラグビーといった名門のパブリック・スクールからは、多くの指導者を輩出している。

一方、グラマー・スクールは、公立の名門進学校であり、選抜試験があり、進めるのは、一割程度の生徒である。中学に入る段階で試験を受け、六年間の一貫教育を受ける。地域によっては、グラマー・スクールがないところもあり、その場合は、コンプリヘンシブ・スクールに進むことになる。

労働党政権のときに、教育の機会均等を掲げて、グラマー・スクールに選抜試験をやめさせようと圧力をかけた結果、グラマー・スクールの数は減ってきている。しかし、住民投票の結果、グラマー・スクールの存続を望んだ地域もあった。というのも、グラマー・スクールがなくなると、労働者階級から一流大学に進むことが難しくなるからだ。

イギリスでは、十六歳までが義務教育（高校一年相当）で、その学年の最後に、G

ＣＳＥという統一試験を受ける。しかし、これは、修了時の試験だけではなく、平常点と総合的に判断して、最上のＡからＧまでのグレードが与えられるものである。試験は論理的な思考力や理解力を試す内容で、断片的な知識を問うものはなく、論述が中心である。大学進学には、Ｃ以上の成績が必要とされる。ＧＣＳＥの結果が悪ければ、この時点で大学進学を諦《あきら》め、職業訓練に舵《かじ》をとることになる。

大学進学を希望する者は、義務教育後、さらに二年間（高一、高二に相当）、かなり専門的な学習を大学での専攻に必要な教科に絞って行う。進学しない人のために、二年間の職業訓練コースもある。

大学に進学する者は、この二年間の最後に、Ａ‐レベルという試験を受ける。進学したい大学の学科によって、必要とされる科目とレベルが定められている。物理学を専攻するのであれば、物理と数学はＡ‐レベルが求められるというように指定されている。試験の結果を見て、自分の条件に合う大学を選ぶことになる。

言ってみれば、高一終了時にセンター試験をやって、その成績で大学進学か職業訓練かに振り分け、高三終了時に、二次試験をやって、その結果で進む大学を決めるようなものであろう。センター試験の勉強も、二次試験の勉強も同時にしなければならない、日本の高三生に比べれば負担が少なく、じっくり専門科目に取り組めるメリットはあるが、高一段階で進学の道が閉ざされてしまうという点はデメリットにもなるだろう。ただ、ヨーロッパ全般に言えることだが、進路の決定を先延ばしにするよりも、現実的に自立の道を考えさせるという傾向が強い。日本的なモラトリアムを許さないのである。

それによって、大学進学向きでない子どもが、いつまでも普通科教育にしがみついて、職業訓練のための時間を失ってしまうといった事態を防ぐ仕組みになっている。ゆっくり自分探しをしたい日本のモラトリアム世代からすると、かなり窮屈に感じられるかもしれないが、自立に対しては非常に現実的であり、それゆえ子どもも早くから自分の将来のことを真剣に考えるようになるし、自立に向けた準備が自然に進んでいく。こうした点は、ドイツでもオランダでも、共通して言えることである。

大学に進んでからも、何がやりたいのかわからない日本の学生との違いは、その点にあると言えるだろう。

失敗した教育改革

一九八〇年代、イギリスでは、都市部の学校の荒廃とともに学力低下が進み、教育改革の必要が叫ばれた。それを受けて、サッチャー政権のもと、八〇年代六から改革が行われてきた。改革の目玉の一つが、ナショナル・カリキュラムと呼ばれる全国標準の指導要領の制定で、もう一つが、全国統一学力テスト（ナショナル・テスト）であった。そして、その結果を学校別のランキングとして公表するとしたのである。学校間の競争を煽ることで成果を上げさせようとする政策がとられたのだ（ただし、ウェールズや北アイルランドでは、公表はしないという方針がとられた）。

全国テストの結果は、学校ごと、自治体ごとの成績が公表され、親たちはそれを見て、学校を選ぶようになった。教育に「市場原理」を導入したのである。その結果起きたことは、優秀校には希望者が殺到し、その周辺の地価が高騰する騒ぎになり、一方、敗者となった学校は、生徒数が激減して、学校の運営ができなくなり、ブレア政権以降だけでも、約二百五十校が閉校に追い込まれたという。学校にとって、全国テストの結果は死活問題となり、自然にテスト対策中心の教育が行われた。テストに関係のない教科は時間数が減らされ、学習の仕方もテストの問題を解くためのテクニックを教えるようになった。その結果、高い点数がとれる生徒がよい生徒、点数を上げることのできる教師がよい教師というゆがんだ状況を生むことにもなった。

全国テストの英語や数学の得点が上がり、政府は子どもたちの基礎学力が改善したことを誇らしげに発表したものの、その後の分析により、全国テストの問題が、年々容易なものになったことによる見せかけの効果にすぎない可能性が指摘され、思考力や表現力の低下を招いているとの批判がわき起こっている。

グラマー・スクール潰しも加わって、ブレア政権の意図とは反対に、公立、私立間の学力格差は広がってしまった。しかも、以前は無償だった大学も有償化され、授業料が年々上がったこともあり、労働者階級にとって、教育の公平な機会は失われつつある。

その上、全国共通カリキュラムにそった教育が行われているか、厳格な査察が実施されるようになったため、教師たちは裁量権と心の余裕をなくし、すっかり萎縮してしまっているという。弊害が大きいことが明らかとなって、ウェールズなどでは、すでに全国テストを取りやめ、イングランドでも学校ごとの成績の公表が中止された。

二〇一〇年に誕生したキャメロン政権はフィンランドの制度に倣うことを政策に掲げ、共通カリキュラムに沿わない公立のフリースクールの導入も行っている。

過度な競争は教育環境を悪化させる

イギリスの失敗からも明らかなように、テストによって序列化を行うことは、点数をとるための競争を激化させ、子どもの真の学力、社会での自立に役立つ力を養う方向からは大きくずれてしまいやすい。ましてや、敗者となった子どもは劣等感を抱き、自己否定や社会に対する不満や怒りを抱えてしまうことになる。

フィンランドでも、一時期、自由化路線に乗って、学校選択制など学校間の競争を促す施策がとられ、学校の統廃合が活発化した。それによって、農村地域の学校が閉鎖に追い込まれるという事態を招いた。それに対して、地域社会を守ろうという動きが強まり、近隣の学校に通える権利があらためて法律に明記され、どの子どもも、地域の学校で、ともに学ぶという方向に軌道修正された。フィンランドでは自由競争が行きすぎることなく、地域社会の維持や子どもの社会性の涵養《かんよう》という課題と、うまくバランスを保って、それぞれのよさを引き出すことに成功したと言えるだろう。

それに対して、イギリスの学校改革は、自由競争が行きすぎ、市場原理が教育の現場を荒廃させてしまった例だと言える。

イギリスでは、一九八〇年代後半以降、いじめの問題が深刻になった。学校改革によっても、むしろいじめの問題は激化し、それに対して厳罰主義の対策がとられたが、事態はほとんど改善していない。競争は、共感性を育てるという点ではマイナスに働くことを考えれば、当然の帰結なのかもしれない。

総合学習の本家イギリス

イギリスでは、教師が一方的に教える一斉授業の割合は低く、一九七〇年代末では、二割程度であり、個別授業や小グループ授業の割合が高かった。サッチャーの教育改革以降、一斉授業の割合が増やされ、小学校で五割程度を占めるに至っている。点数を上げる詰め込み式の授業を行うには、一斉授業の方が効率がよいのである。その際にお手本とされたのが、皮肉なことに日本の一斉授業であった。当時、日本の学力は世界一の水準を誇っており、そうした画一的な教育に、高い学力の秘密があるのではと考えられたのである。

しかし、イギリス本来の伝統として発展していたのは、子どもの主体性を認め、子どもたち同士のかかわりを重視する教育方法で、とりわけイギリスで発展を見たのが総合学習である。

サッチャーの教育改革のとき、公式に採用を認められたが、すでに以前から、イギリスでは、トピック学習という方法が教育現場で行われ、効果を上げていた。それを正式に標準カリキュラムとして採用したのである。トピック学習は、あるテーマや話題を決めて、それについて、さまざまな角度から子どもたちが自主的に調べ、発表し合いながら学習を進めていくものである。

だが、点数化された学力主義と総合学習は、その根本において両立しにくいものであり、本家のイギリスにおいても、総合学習の良さが生かされにくくなっている。

総合学習は、フィンランドやオランダで、むしろ本来の発展を見ている。一つのテーマを膨《ふく》らませていき、教科の垣根を越えて、実際的な観点から学習を進めていくことで、子どもたちの興味を引きつけることができる。また主体的な取り組みが中心に進められることや、グループで学習することによりチームワークを学べるなど、メリットの非常に大きい学習法なのである。

総合学習が日本でも取り入れられたが、日本の教師も生徒も「正解」のない学習というものに、どうも不慣れなようだ。何かとりとめもないものに感じて、しっくりこないのだろう。うまく使いこなせている学校では大きな成果を上げる一方で、総合学習の時間が有効に生かされていないところも多いようだ。入試やテストによる点数主義がはびこり、発見型、模索型の土壌が乏しい日本では活用しきれないのだろう。

総合学習のような学び方が本来の学習であるはずだが、日本人の頭には、正解を覚える学習でないと、勉強した気がしないという悪い癖がついてしまっているのかもしれない。

⑤スイスの教育

ルソー、ペスタロッチ、フレーベル、ビネー、ピアジェなど、スイスは教育にかかわりのある偉大な思想家、教育者、学者を輩出してきた。オランダと同様、早くから民主的な自治が確立され、今も直接民主制が行われるスイスでは、近代的な教育への関心がいち早く芽生え、発展してきた教育先進国である。中でも、スイスの教育に大きな影響を与えているのは、十八世紀後半から十九世紀初めにかけて活躍したペスタロッチである。ペスタロッチは、どの子も教育を受けられる普通教育を最初に実践しようとした人物であり、「民衆教育の父」と称えられている。ペスタロッチは、将来子どもが経済的に自立できるように、知的教育とともに実践的な教育を重視した。

スイスでは、ペスタロッチの時代から今日に至るまで、知的な面とともに実践的な面での能力をバランスよく発達させ、「生活と仕事の準備をする」ことが教育の目的として掲げられ、その精神にのっとった教育が行われてきた。スイスでは、どの子どもも職業的自立が成し遂げられるように導く仕組みが、教育システムの中にしっかりと組み込まれているのである。知的教育に偏りがちな日本とは、その点で大きく異なっている。

スイス経済の安定ぶりは、ヨーロッパの中でも特筆すべきであり、日本の円高同様、

欧州3国での職業資格の比較

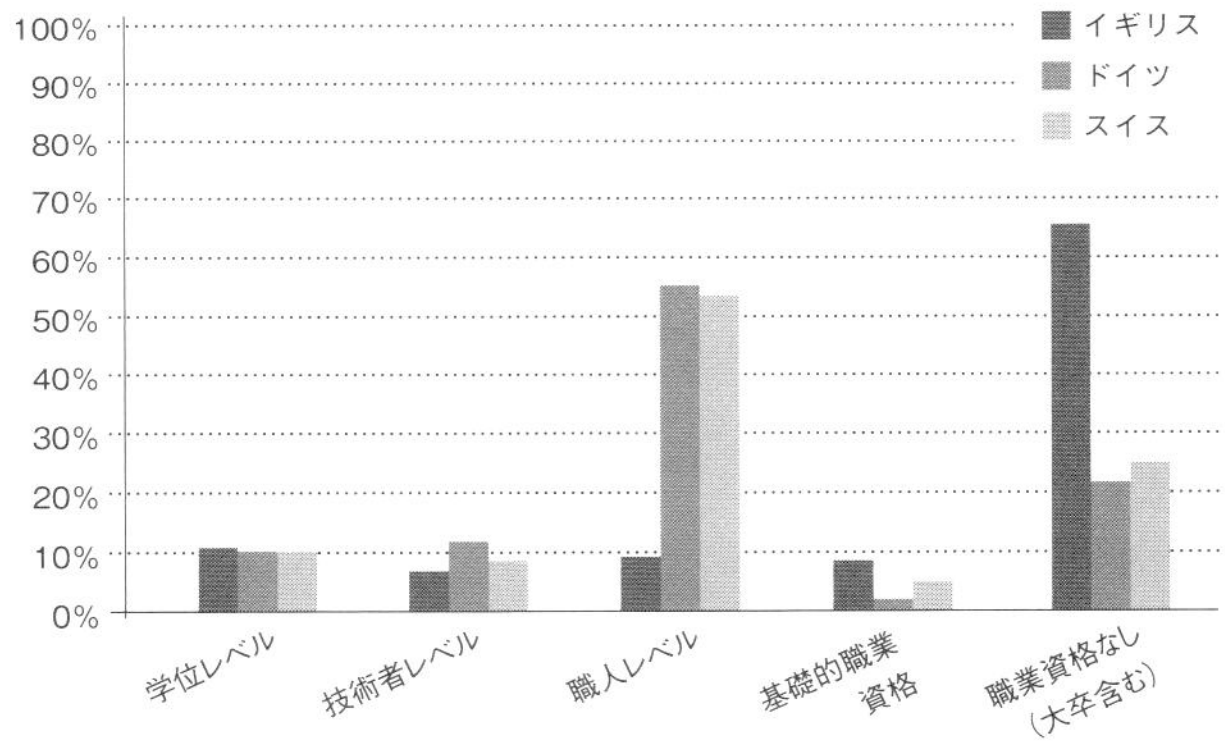

スイス・ドイツでは、職業資格をもつ人の割合が高く、イギリスでは、大卒者でも職業資格をもつ人の割合が低い。"From School to Productive Work Britain and Switzerland compared"（1997）のデータより作成。

スイスフラン高にもかかわらず、着実な経済成長を続け、財政も極めて健全である。10パーセントを超える失業率が当たり前になっている欧米の中でも、スイスはリーマン・ショックやギリシャ・ショック後の二〇一二年現在でさえも、失業率が3パーセント前後という低い水準を維持し、ことに若年層の失業率が低い。国民の幸福度は先進国中でトップクラスだ。

山国で、天然資源がないにもかかわらず、優れた技術を有する工業国であり、特に精密機器や機械工業、化学工業、製薬では、世界でも有数の輸出国である。なぜ、そんなことが可能なのか。若年層の高い失業率や経済の停滞に悩んでいたイギリスでは、一九九〇年代、その要因を探ろうと、同国の国立経済社会研究所（The National Institute of Economic and Social Research）が大規模な調査研究を行った。その結果浮かび上がってきたのは、教育システムとそれが果たす役割の大きな違いであった。

まず明らかになったことの一つは、労働者の職業資格と学歴の分布がまったく異なっていたことである。前ページの図のように、スイスでは「職人レベル」（いわゆる熟練工や職人だけでなく、経理や販売などの非製造業の技能資格も含む）の資格保有者が55パーセントと半数を超えるのに対して、イギリスではわずか9パーセントに留まっていた。「職人レベル」の意味する技術水準は非常に高く、イギリスの大学で専門教育を受けたレベルに十分相当するという。逆に、職業資格なしの人の割合は、スイスでは21パーセントしかないが、イギリスでは65パーセントもあった。このうち半分近い30パーセントが普通科教育を受け、大学進学資格を有していた。一方、スイスで大学進学資格をもつ人で、職業資格のない人は2パーセントしかいなかった。

スイスでは、大学進学よりも職業資格が非常に重視されていることがわかる。一方、イギリスでは、大学に進学する人でさえも職業資格をもつ人が少ない。イギリスの状況は、今日の日本の状況でもある。

スイスでは、ドイツ、オランダと同じく、中学の段階から分枝するシステムがとられている。大学進学を目指す10～15パーセントの生徒は、ギムナジウムに進み、高等専門学校などを目指す45パーセント程度の生徒は、中等学校《ゼクンダーシューレン》に進む。学業よりも手に職をつけることを希望する35～40パーセント程度の生徒は、実科学校《レアルシューレン》などに進む。近年は総合制の学校も実験的に作られ、どちらのシステムが優れているかが調べられている。総合制では、多様な子どもたちの間の社会的結びつきが強まるというメリットがある一方で、数学などの学力や職業指導の面では、デメリットが見られるという。

身分制の名残が強いイギリスなどとは違って、オランダ同様、非常に民主的で平等な市民社会であるスイスにおいても、中学の段階から分枝する学校制度が維持されていることは、一見不平等に見える分枝型の制度が、子どもの特性を生かすうえで好都合な点が少なくないということだろう。

成績が特別に優れたエリートではなく、社会の土台をなす層が職業技能や資格を身につけ、生活に困らない教育こそ、市民のための教育だと考えるのだ。長い民主制の伝統をもつ市民社会だからこそ、幅広い市民のための教育を発展させてきたのである。逆に言えば、イギリスのような社会は、スイスに比べれば中央集権的な特権社会であり、その教育はエリートを育てることに重点が置かれ、その他大勢の国民が主役の教育ではないのである。

一見民主的に、誰にも同じことを学ばせようとする日本の教育も、その見かけとは裏腹に、中央集権的な色彩の濃い教育である。後でも見るように、実はエリートの選抜に照準を合わせてつくられた教育システムであり、その他大勢の子どもたちや、ことに成績が平均より下回る学業に不向きな子どもたちには配慮の乏しいシステムなのである。

スイスの中等教育の特徴の一つは、数学教育に大きな力が注がれていることである。しかも、それは数学が不得手な子に対してもである。その理由の一つは、技術的な仕事をする上で、数学が鍵をにぎると考えるからだ。実際、数学の学力は高く、学業の苦手な子どもたちが集まる実科学校でさえも、イギリスの生徒全体の平均を上回っていた。最新のＰＩＳＡの成績でも、数学は日本より上位の八位で、二十八位のイギリスには大差をつけている。

元来、数学が得意とは言えない子どもたちに数学を教えるために、どのような工夫がなされているのだろうか。そのポイントは、①具体的な問題から考えさせること。

②一方的に話をするのではなく、やり取りをしながら説明すること。③実際に手を動かしたり、発表したりすることを重視すること。④自分で問題に取り組む時間をとり、教師が苦手な生徒を中心にサポートすること。⑤自己発見型というよりも、教師が導く補助誘導型であること。もともと苦手な科目の学習においては、自己発見型にしすぎると、かえって混乱や迷走を招き、効果が上がらないという。

こうした方法がスムーズに行えるのも、一クラス平均十八人という少人数教育によるところが大きいだろう。クラスの人数だけでなく、学校の規模自体が小さく、生徒数二百五十～五百人程度の学校が中心である。そうしたこともあり、スイスの学校やクラスは、どこも家庭的な雰囲気に溢《あふ》れているという。それは、ペスタロッチの理想でもあった。

また、実科学校や中等学校の担任教師は、日本の小学校のように大部分の科目を一人で教え、しかも、三年間持ち上がるので、生徒と担任教師の関係は密度の濃いものとなる。担任は、その子の強みも弱点も知りつくし、進路指導、職業指導において、非常に重要な役割を担うことになる。これは、スイスの中等教育が成功している一つの重要な要因だと考えられている。

スイスの教育では、「人間形成《メンシェンビルドゥング》」が重要な教育目標とされ、一人ひとりの生徒が、

「責任ある社会的存在」として生活することにも重きが置かれる。話し合いだけでなく、実際にロールプレイを用いるなど実践的な取り組みを通して、適切な社会的行動や社会的意識を学ばせることに力が注がれる。

若者の失業が少ない理由——驚くべき職業教育の充実ぶり

スイスの中等教育のもう一つの大きな特徴は、実技科目を重視することである。実科学校の場合、木工、金属加工、製図、家庭経済、織物といった専門的で、本格的な内容の授業が行われる。実際、その技術水準は非常に高く、実用に耐えるものである。一、二年生の間は、多様な実技科目を学び、三年生では一つの専門に絞って取り組む。

実技科目は、技術を磨くというだけでなく、忍耐、根気、信頼性、正確さ、注意深さなどを備えた「職業的人格《アルバイトカラクター》」を培うのに役立つと考えられている。これは、どの仕事を行うにしても、核になる能力であり、心構えである。実科学校の卒業生が、その後の職業訓練をやりこなし優れた技術を習得できるのも、この「職業的人格《アルバイトカラクター》」が中等教育で培われることによると、雇用する側からも高く評価されている。

実技科目重視の好影響は、学科科目にも顕れるという。つまり、実技科目で成果が認められることによって、子どもたちの意欲が上がり、苦手な学科にも前向きに取り組もうとするのだ。そのため、スイスでは、授業についていけない子が無断欠席をすることが非常に少ないという。

スイスの驚くべき職業教育の秘密は、実技科目から実際の職業訓練へと連続的につながる仕組みが整えられていることである。職業指導は中学一年から始まり、段々と中身を具体的にしながら進められていく。学年ごとの専用テキストがあり、テキストには、適性などに関する各種診断テストがついており、自分の適性を理解しながら、自分に合った仕事について考えられるようになっている。中学三年では、一週間を一単位とする職業体験があるが、これは、日本の中学校で行われる「職業体験」とはまったく別物である。卒業してから職業訓練を受けることになる会社や雇い主のもとで、試験的に働いてみることを意味するからだ。本人も雇用する側も満足すれば、親も交えて見習い契約が交わされる。仕事内容を実際に体験できるだけでなく、先輩からも話が聞けるので、自分の将来像を具体的に思い描くことができる。また、雇う側も、仕事ぶりだけでなく、社会性や人間性もチェックできるので、安心して引き受けることができる。期待外れの場合には、また別のところで職業体験を行う。

見習い期間は、職種によって異なり、二年～四年にわたる。その間、見習いとなった若者は、そこで働きながら、週に一～二日は職業専門学校やカレッジで学ぶ。見習いの給与は安い代わりに、雇い主は責任をもって若者に技術的指導を行い、学校に通えるように配慮する。一方、見習い生の方も、学校を無断で休んだりすることには厳しい処分が講じられる。一度無断欠席しただけで、口頭での警告がなされ、二度目には文書での警告がなされ、手数料として五千～一万円程度が徴収される。さらに三度行うと、法的な罰則が科せられるという厳格さだ。実際に罰せられた人はあまりいないとのことだが、そうした厳しい姿勢を示すことが大事だと、スイス人は考えているのである。

見習い期間の最後に、資格試験が行われ、それに合格すると正式な資格をもらえる。この資格試験は、非常にレベルが高く、長時間にわたる本格的なものである。電気技術者であれ、販売士であれ、知識と実技能力が実践的に試される。その技術水準は、大学で専門教育を受けたレベルを凌ぐほどだ。それでも、大部分の若者は合格するレベルに達する。資格をとると、それは特定の企業や雇い先だけでなく、全国どこでも通用するので、将来の仕事口や収入は非常に安定している。

雇用が安定するのには、大きな理由がある。見習い契約を結ぶ段階で、将来需要が少ない職種では募集が減り、需要増が見込める職種では募集が増えるため、需要のない職業訓練を行うということが起こりにくいのだ。一方、イギリスやフランス、アメリカ、日本では、職業訓練は学校の定員や大ざっぱな見込みだけで行われ、需給のバランスには、ほとんど配慮されることもない。高額な費用をかけて大学や専門学校を卒業しても、現実には求人がないという事態を招いてしまう。それは、個人の損失であると同時に、社会の損失でもある。スイスでは、見習い制度による需給調整によって、若者の失業というものが存在しないとさえ言われたほどである。その傾向は今日も続いている。

スイスの職業訓練の特筆すべき点は、早い段階で職業訓練が完了することである。見習い期間が四年間の場合でも、二十歳までに一人前になることができる。このことは、二つのメリットをもたらす。一つは、早く自立をし、若いうちに家庭をもち、安定した暮らしを営めるということである。もう一つは、技術の熟練にかかわるもので、脳の可塑《かそ》性が高いうちに訓練することによって、より高度な達成が望めるということである。楽器の演奏で考えればわかるように、技術の習得においては、一年でも早く訓練を開始することが非常に重要なのだ。大学で悠長に教養科目を学んでから職業訓練を始めたのでは、一流の技術者になるには遅すぎるのである。スイスの高い技術力は、中等教育の段階からすでに職業訓練に向けた教育が行われ、二十歳までに基礎が完成するように一貫して進められてきたことによるものである。

かつて高い技術力を誇った日本も、それを支えていたのは、中学を出てすぐに仕事に就き、現場で叩き上げられてきた職人の技によるところが大きかった。ところが、大学神話に踊らされて、子どもの特性を無視した教育が行われ、職業教育をおろそかにしてしまったことが、今日の低落を招く一因となっているようにも思える。

スイスの職業訓練と連動した教育システムを見てくると、逆に、なぜ日本では大学を出たのに、専門的な仕事に就くこともできず、特別な教育が必要のないレベルのアルバイトしか仕事がないという事態がこんなにも起きてしまうのか、という疑問も氷解しよう。

ヨーロッパの中で、大学進学率がもっとも低いスイスやオランダで、若者の失業率がもっとも低いという皮肉な事実は、重要なことを示唆《しさ》しているように思われる。

なお、スイスは永世中立国であるが、自衛のための軍隊や徴兵制を有し、十八歳以上の男子に、合計二百六十日間の兵役が課せられている。

⑥アメリカの教育

アメリカでは、州や地域によって学校制度がまちまちだが、もっとも多いのは、六・二・四制で、ついで、四・四・四制である。日本の中学校に当たるものは、ミドルスクールと呼ばれ、その最終学年は、小学校から通算して八年生という言い方をする。八年生は、日本で十四歳、中学二年生に当たる。日本より一年早く、高校に進むわけである。

高校に当たるハイスクールは四年制が中心である。大学進学などは、高校三年生までの成績でほぼ決まってしまい、三年までに重要科目の単位を先に取得し終えるため、最終学年は遊んですごす生徒が多い。一年遊んですごすので、大学に入ったときの学力は、全体で見るとかなりお粗末だと言われる。

アメリカでは、通学日も総授業時間も、他の先進国に比べてかなり少ないことが問題視されてきた。日本では、「ゆとり」世代でも年間二百四十日を確保していたのに対して、アメリカでは約百九十日しか通学日がなかった。しかも、他のヨーロッパ諸国と同じく塾がなく、家庭学習の時間も短い。一日二〜三時間の家庭学習を行う子どもは、三割に満たない。日本では、約半数の子どもが平均週五時間程度、塾で学習しているのに比べて、アメリカの子どもは遊びすぎだと批判の声がアメリカ国内から上がったこともある。授業に充てられるはずの時間が、課外活動やスポーツに充てられることも少なくない。アメリカは超ゆとり教育の国なのだ。

アメリカでは、経済の低迷とともに学力低下の問題が一九八〇年代に深刻になった。レーガン政権下で、規制緩和と自由競争の重視による経済の立て直しが進められたが、それと並行して、教育改革の必要性も叫ばれた。政権を引き継いだブッシュ大統領のもと、一九九〇年に国家教育目標が採択され、学力向上、ことに数学、理科の学力を世界一にするという目標が盛り込まれた。

クリントン政権も、この改革方針を基本的に引き継いだ。クリントン大統領は、アカウンタビリティー（実績評定）や全国学力テストの導入を推進しようとしたが、反対が多く実現しなかった。その後、ブッシュ（息子）政権下で、アカウンタビリティーや学力テストによる評価が法律的に明確にされ、学校別の成績が公表されるようになった。それを見て親は学校を選び、生徒の在籍数に応じて予算が配分されるというバウチャー制も発足した。学力テストの成績はイギリスと同様、学校にとっては死活問題となったのである。学校の平均点を上げるため、できの悪い生徒を「押し出す」といった事件が起き、その弊害が指摘されている。

一方、取り組みの成果として、高校三年生の段階での学力は、数学と理科では改善が見られた。ただし、読解力は逆に低下した。世界的に見ると、アメリカの高校生の学力はかなり低く、世界一どころか、下から数えた方が早いのが現状である。高校の授業レベルも、日本やドイツに比べると、目を覆うばかりに低い。二学年下に相当する内容だという。小学校段階では比較的学力が高いことを考えると、学年が上がるほど、教育がうまく機能していないことになる。人種間での格差も大きく、例えば、初歩的な幾何学の証明問題を理解できる生徒は白人では十人に一人だが、黒人では百人に一人しかいないと報告されている。

アメリカは学力においても超格差社会であり、一部の超エリートと、大多数の生徒の間には大きな格差が生まれ、高校では一部のできる生徒にしか関心が払われない実態も指摘されている。

ただ、知識とか表面的な学力はお粗末なのだが、アメリカの教育の優れた面として、多くの人が注目するのが、ディベートやディスカッションを重視し、自分の意見を主張する訓練を積むことである。学習におけるコミュニケーションを重視するのだ。大学では、それにさらに磨きがかけられ、アタック・クエスチョンといって、プレゼンテーションをした学生に対して鋭い質問をするということが盛んに行われる。質問する技術と、どんな質問にも答えられる技術を磨くのだ。黙って講義を聴いているのが当たり前の日本の学生とは、まったく鍛えられ方が違っている。

高校卒業率は86パーセントであり、そのうちの四分の三が最終的に大学（短期大学を含む）に進学する。この低学力でも大学進学志向が強い点は、オランダやドイツとは異なり、日本と似ている。しかし、大学についていけずに中退する割合は高く、四分の一以上が一年で辞めてしまい、最終的に卒業するのは約半分である。短大では、一年目に半数近くが辞める。

アメリカの大学進学の特徴は、入学試験はなく、ＳＡＴ（Scholastic Assessment Test 進学適性試験）という共通テストの得点と、高校の成績、課外活動の状況、担当教師の推薦状、志願動機についてのエッセーなどに基づいて選抜が行われることである。有名大学に入りたければ、ＳＡＴで高得点をとる必要があるが、ハーバード大学などの名門大学は、エッセーや面接の方を重視する。実際、ハーバード大学では、ＳＡＴが千六百点満点だった生徒を百六十五人も不合格にした年もあった。ちなみにビル・ゲイツ氏も、ＳＡＴは満点だったそうである。

ＳＡＴは、日本のセンター試験に似ているが、大きな違いが二つある。一つは、科目が英語（日本で言えば、国語ということになる）の読解力と数学の二科目だけであるという点と、もう一つは、問題がかなり容易で、ほとんど特別な知識は必要なく、学力試験というよりも知能検査的であるという点である。

ＳＡＴに対してては批判も多く、テスト自体に意味がないとして、入学の選考対象から外す大学もある。

アメリカでは、通常の小中学校に通わせずに家庭で教育する子どもが八十五万人もおり、就学対象者の1・7パーセントにも上る。日本では「不登校」として扱われるだろうが、アメリカでは、もっと積極的な理由で、家庭での教育を選ぶ。もっとも多い理由（約半数を占める）は、「家庭の方がよい教育ができる」というものである。

銃社会で、連続乱射事件が相次いだため、学校の玄関には金属探知機が据えつけられ、地区によっては暴力事件が頻発するため、警察官が常駐する学校も珍しくない。

全体で見ると、学校教育が惨憺《さんたん》たる状況であるにもかかわらず、アメリカが技術大国であり続けられるのは、一つには知識ではなく、統合能力を鍛えることを重視した教育にあるだろう。もう一つは、大学教育の成功によるところが大きい。よく知られるように、入るのは簡単で、出るのは難しいのである。高校まであまり勉強しないことも、大学に進んで以降、あるいは、社会に出てから伸びる要因なのかもしれない。アメリカでは、社会人が大学や大学院で学び、キャリアアップを図る仕組みが早くから普及している。

一方、一流大学は、アメリカ国内だけでなく、世界中から優れた能力と意欲をもったエリートを集めることで、その高いレベルを維持し続けている。そのために、アメリカは、外国からの出身者に対しても多額の教育予算を出費しているのである。

⑦台湾の教育

日本同様に資源のない島国であり、経済発展は人材の育成にかかっており、大変教育熱心なことで知られる。日本と同じ六・三制の義務教育を行い、教科書検定制があるなど中央集権的な傾向が強い点も似ている。

高校に進学する段階で、国民中学学生基本学力測験（「基測」と通称される）という統一試験が実施され、この得点によって、受験の合否が決まる。試験はマークシート方式だが、五教科のほかに作文の科目がある。

中央集権的な縛りを緩め、各地域や学校の持ち味を発揮させようとする方向に、改められつつあり、各学校は二割の授業時間を弾性的に運用することが認められているが、受験に対する関心の高さから、その大部分は受験用の勉強に充てられるのが実情だという。

しかし、教育内容ばかりでなく、方法においても革新が図られ、主要七科目の一つとして「総合（活動）」が設けられるとともに、「基本能力と実用性を意識」した学習内容やチームティーチング（グループ学習）も導入されている。

授業日数は年間二百日で、日本よりもゆとり教育であるが、PISA2006では、数学的リテラシーにおいて、フィンランドを平均点で一点上回って世界一の座に輝いた（56頁参照）。PISA2009では、五位まで後退したものの、九位の日本より上位にランクされた。中身で見ると、上位層が非常に分厚く、平均点を引き上げていることがわかる。台湾では、飛び級の制度や「資優班」と呼ばれる特別な才能の子を集めて特別教育を施す仕組みなど、才能のある子を伸ばすことに関心が高い。その反面、成績下位者への支援には課題を残すが、日本に比べると下位層の割合が少ないのは、日本より教師の権威が高く、授業の統制が保たれているためだろう。

一方、読解力では台湾も低迷し、PISA2006では日本よりわずかに順位が上だったが、PISA2009では二十三位と下降している。前回一位であった数学との差が顕著である。その理由として、日本と同様、パソコンなどに触れる時間が長くなるとともに、読書離れが進んでいることや、「基測」がマークシート方式で論述式でない上に、出題される文章が短いことなどが指摘されている。試験制度というものは、その国の子どもの学力の質にまで影響を与えることをあらためて感じさせる。

また、資優班や有名高校に進学するためには、「基測」で、文字通り満点をとることが必要で、受験生の負担は大きく、一日十五時間も勉強する受験生もいるという。

基測の出題傾向に合わせた教育にならざるを得ないのだろう。

台湾の特徴は、海外への留学生や海外で活躍する人が多いことで、英語も達者だが、英語教育は通常小学校五年からと、特別に早期教育が行われているわけではない。

台湾には徴兵制があり、十八歳以上の男子に一年間の兵役が課せられているが、二〇一四年末で廃止される予定となっている。

⑧韓国の教育

やはり躍進が目立つ、お隣韓国の事情を見てみよう。

PISA2006で韓国は、日本の低迷を尻目に、読解力で世界一位、数学で世界四位の好成績をマークした。PISA2009でも、読解力では上海についで二位、数学も四位であり、国単位では世界トップ水準の学力と評価された。日本が韓国を上回ったのは、唯一科学的リテラシーにおいてである。

こうした好成績の背景には、加熱気味とも言える教育熱がある。子どもたちの多くが幼い頃から習い事や塾（学院と呼ばれる）に通い、家計に占める教育費の割合は、世界で一、二を争う。大学進学率は八割に達し、海外への留学も多く、大幅に減少している日本とは対照的である。

母親連れで海外留学し、残された「ペンギンアッパ」（ペンギン父さん）がせっせと働いて仕送りをするという涙ぐましいケースも珍しくないという。ペンギン父さんという呼び名には、甲斐性が足りず、飛べないので家族に会いに行けないという皮肉が込められている。

韓国は日本以上の学歴社会であり、受験戦争の過熱ぶりは日本でも報道され、おなじみであろう。一昔前の日本を彷彿《ほうふつ》とさせるものがある。

しかし、日本と違って高校入試は行われず、受験といっても、大学入試だけである。一九七〇年代半ばまでは、高校入試も行われていたが、受験勉強の弊害が強まり、三割近い生徒に精神的な症状が見られるなどの異常事態となったため、居住地域ごとに進学する高校を指定し、応募者多数の場合は抽選で決めるというやり方に変えたのである。その結果、中三の段階で受験勉強に明け暮れることはなくなったが、その分、大学受験の競争激化を招いている。

韓国はネットやパソコンの普及が早く、活字離れによる読解力の低下も心配されたのだが、そうしたことが起きていない要因として、朝読書の取り組みが熱心に行われてきたことやマークシート方式の試験とは別に、論述式の試験を課す大学が増えてきたことなどが挙げられる。

基本的な教育制度は、日本や台湾と共通する。日本以上に中央集権的で、国定教科書や教科書検定が存在する。兵役の制度があることも台湾と同じで、日本とは決定的に違う点であろう。日本に比べて儒教の伝統が残り、教師の権威が高く、一昔前の日本の教師のような厳しさを残している。台湾同様、規律が保たれている点は、成績下位者の割合が少なく、落ちこぼれが少ない要因ともなっていると考えられる。

しかし、近年では、競争の激化とともに、塾や個人授業を受けられる子とそうではない子の学力格差が広がり、そうした不満やストレスから、いじめや校内暴力が深刻な社会問題となっている。その点では、日本とよく似てきていると言える。

大学受験で消耗するために、入学後の学生たちは日本と同じく遊興に明け暮れがちで、大学での教育水準も低く、あまり勉強しなくとも卒業できる点もそっくりである。学力の高さに比して、国際的な水準で見た大学のレベルが低迷していることも、日本と同様だ。

韓国の状況は、台湾とも似て、日本よりも社会の統制がまだ強く残る一方で、自由や経済的繁栄を謳歌しようという個人の欲望が解放される中で、繁栄や成功の手段として教育熱が高まり、学力の上昇という結果となって表れていると言えるだろう。それは、ちょうど、日本の一昔前の状況に重なる。

⑨中国の教育

最後に、躍進するアジア新興国の中でもとりわけパワフルで、台風の目とも言うべき中国を取り上げたい。ＰＩＳＡ２００９では、上海が全科目で世界一の得点を叩きだし、一都市としてではあるが、学力世界一の座に躍り出た。中国の急速な経済発展の背景に、優秀で意欲に満ちた人材が育っていることが指摘されてきたが、改めてそのことが裏付けられた形である。

この結果を中国の人に聞くと、当然だという反応が返ってくる。理由を尋ねると、中国の子どもほど勉強している子どもは、世界中のどこにもいないからだという。確かに、その教育熱の高さは、凄まじいばかりである。もちろん国も、教育に一方ならず力を入れている。膨大な予算を注ぎ込み、その設備の充実ぶりは目を見張るものがある。大学生だけで、二千六百万人もいる上に、アメリカの大学院生の二人に一人は中国人であると言われる。質量ともに圧倒的な存在になろうとしている。

中国の若者の強みは、学力だけではなく、「社会のために役立つ人材になりたい」という意識が共通して認められることにあると言われる。彼らは積極的に海外に留学し、外国企業で働き、そこで得た知識と経験から多くの企業家が生まれた。彼らは優秀な頭脳だけでなく、高いモチベーションと社会的スキルを育んできた。元来、独立不羈の精神が旺盛で、横並びの共存よりもナンバーワンを目指すアグレッシブな点も強みである。

今、大学生となっているのは、九〇年代生まれのジョウリンホウと呼ばれる世代である。一人っ子政策は、八十年代生まれのバーリンホウと呼ばれる世代から始まったが、まだその頃は、貧しさが残っていた。改革開放後の豊かな時代に生まれ育ったジョウリンホウ世代は、甘やかされた子どもたちだということがよく言われる。溺愛や過保護により、「わがまま」「自己中心的」「依存的」という評判が、中国国内の他の世代からも聞かれる。プライドや理想が高く、挫折や傷つくことに弱いとの指摘もある。極端に走りやすく、些細な失敗から命を絶つといったケースも増えているという。社会的スキルの低下を危惧する人もいる。

その一方で、バーリンホウに劣らず、社会に貢献しようという意識が高く、自立心や責任感も強いと賞賛する声もある。自己実現しようとする願望と、社会貢献という意識の新たな結びつきが見られるという。

確かに、溺愛された結果、自分勝手で、依存的な人も増えるだろうが、社会的な意識や意欲に富む人が、まだまだ多いということだろう。さらに、学力ということになると、その優秀さは際立っている。同じ大卒でも、大卒と大学院修士課程卒くらいの実力差があるとも言われる。しかも、語学が達者だ。日本の若者が就職で競り負けるという事態も実際に起きている。グローバルな競争に勝つ人材を育む中国の教育システムは、いかなるものなのだろうか。

ほとんどが一人っ子のため、教育熱が高く、習い事や就学前教育も盛んである。豊かな家庭は無論、貧しい家庭も、すべてを子どもに投資しようとする。知育偏重との批判もあるが、その一方で、共産主義の中で培われた労働を尊ぶ伝統もあり、彼らは、小さい頃から勤勉さや労働の大切さを教え込まれる。幼い頃から手伝いや仕事をすることが賞揚され、働くことは喜びという考え方を身に着けていく。

六年間の小学校教育は、国語（語文）と算数を中心としたもので、読み書き計算の基礎学力を養うことに重きがおかれる。漢字の書き取り、漢詩の暗唱が毎日の日課となっているところが多く、徹底的に鍛え上げられる。自動的に卒業できる日本とは異なり、小学校の卒業にも、卒業試験に合格することが必要で、合格できなければ落第するという厳しさだ。学力別クラス編成が主流で、教師の立場が、かつての日本のように強く、厳しい指導が行われる。

農村部との格差が大きいが、都市部では、英語教育が、三十年以上前の一九八〇年から小学校に採り入れられている。中学生くらいになると、かなり使いこなせる子が多い。英語が達者な理由として、中国語の文法との類似や発音のバリエーションの豊富さも言われるが、スタートが早いことも一因となっている。

「政治」と呼ばれる思想教育や軍事訓練も、小学校の段階から課せられる。博物館や史跡の見学なども、単なる物見遊山ではなく、歴史教育、思想教育の一環として活用される。そのために、博物館の見学コースなどは大変充実している。

日本の中学に当たるものは「初等中学」と呼ばれ、高校に当たるものは「第一中学」または「高級中学」と呼ばれる。いずれも三年制である。初等中学は義務教育だが、試験や費用負担もあるため、全員が進めるわけではなかった。しかし、最近では進学率が九十八％まで上がっている。初等中学では、国語、数学のほかに、理科や英語にも力が入れられる。労働、政治（思想教育）といった科目や軍事教練もある。労働は、主に土曜日の午後、園芸作業や校内美化などに取り組む。

初等中学の卒業試験は、高等中学への入学試験を兼ねており、志願した複数校の中から、成績順に進学先が決まる仕組みだ。高等中学以外にも、職業高校や中等専門学校に進学する子どももいる。高級中学は、大学への進学を目指すもので、日本の普通科高校に相当する。進学熱の高まりで、高校進学者の八割は、高級中学に進む。日本と同じように、文系と理系に分かれ、文系では歴史などの社会科、理系では、物理や数学に重きが置かれる。圧倒的に理系の人気が高い。

中国の大学入試は、全国大学統一試験（以前からの俗称で「高考」）と呼ばれ、この高考を目指して、猛勉強することになる。高級中学は、有名大学への進学者数を争い、熾烈な競争を繰り広げている。進学者数は例年、新聞記事にもなり、人々の関心は高い。それによって翌年の応募者数が左右されるのは、日本と同じだ。

進学校は全寮制のところが多く、朝七時には登校をして自習をし、授業が終わってからも、午後七時頃まで自習に励む。寮に帰ってからもまた勉強で、寮が消灯になっても、懐中電灯の明かりで学習を続ける生徒もいるという。

志望校と統一試験の得点によって、進学する大学や学科が決まるが、地元出身者の方が合格最低点を下げる措置が施されるため、試験前に住民票を移す者もいて、社会問題になったこともある。大学進学率は急上昇して、最近では、全体の三五％に達している。

中国の大学教育の特徴は、まず全寮制であることだ。四人部屋の学生寮で、原則暮らすことになる。快適さに慣れた最近の若者にとって、寮で寝起きを共にする生活は楽な体験ではないが、社会性や対人関係の訓練として、重要な役割を果たしているようだ。

入学して最初の月である九月の一か月間は、まるまる軍事教練に当てられ、他の授業はない。行進の練習から始まって、実践的な訓練まで毎日しごかれる。一カ月の訓練が終わるころには、みごとな集団行動ができるようになるという。軍事教練に明け暮れる一カ月が終わると、ようやく通常の講義や部活動が始まる。

中国の大学生は、非常によく勉強する。講義の出席率は、ほぼ百%。図書館も朝七時から夜の十一時まで学生で埋まる。学生が熱心に勉強する理由の一つは、試験の点数によって、卒業だけでなく学位が貰えるかどうかも左右されることによる。四年間の平均点が六十点以上なら卒業は認められるが、七十五点以上なければ、学位は授与されない。また、英語検定合格も卒業の条件ときている。

もう一つの理由は、競争の激しさだ。大学生が二千六百万人もいることから推察できるように、いくら経済成長めまぐるしいといっても、就職の厳しさは並大抵ではない。卒業しても、三割以上が就職できないと言われている。

中国の若者は、企業家精神がとても旺盛である。勤労の大切さを幼い頃から教えられるうえに、中国人は元来、独立心が旺盛であることも関係している。だが、そこにはもっと現実的な理由もある。いまではアメリカを凌ぐ格差社会と言われる中国では、雇う側と雇われる側の経済格差は、日本では考えられないほど大きい。経済的な豊かさを得るためには、企業家や経営者として成功することが必要条件なのだ。

もっとも、企業家として成功者を輩出した世代は、バーリンホウよりも上の世代で、貧しさの中で育ち、文革後に大学の入学試験が再開されてから大学に進んだエリートたちである。そのころは、大学卒は一握りであったが、進学率の上昇とともに、大学卒の価値が急落しているのは、日本と同様である。

全体のレベルはともかく、激烈な競争を勝ち抜いて生まれたエリートは、本当に優秀である。競争と格差をバネに、スーパーエリートを育てるという点で、中国の状況は、アメリカに似ているが、アメリカよりも、教育への熱意と関心が広い層に及んでいるという点では、日本とアメリカの強みをミックスしたような状況を生んでいる。

今やアメリカン・ドリームに勝るチャイニーズ・ドリームが、彼らのたくましい上昇志向を支えていると言えるだろう。成功や出世よりも安定志向で、重い責任や負担を避けようとする日本の若者に広がっている回避的な空気とは対照的である。ただ、競争社会の常で、華やかな成功者の陰には、そこからドロップアウトし、低賃金の報われない仕事に沈んでいく若者たちが数多くいることも事実である。

日本が今後歩むべき道は

どの国にも良い面もあれば悪い面もあり、一概には言えないだろうが、あなたは、どこの国をお手本にしたいだろうか。それぞれ学ぶべき点もあれば、他山の石とすべき点もあるだろう。どこを手本とし、どこを反面教師とするにしろ、子どもの特性や能力を最大限に生かし、子どもが将来しっかりと自立できるということが、何より子どもにとって幸福な教育だと言える。

日本の教育も、一九八〇年代から九〇年代はじめにかけて、経済の隆盛とも相まって、世界から注目されていた時期もあった。日本の子どもが学校だけでなく、塾でも長く勉強し、勤勉であることを見習うべきだと述べたアメリカの論客もいたし、画一的な一斉授業や全国一律の指導要領を手本にして取り入れたイギリスのようなケースもある。両国はともに、学力テストによる競争を煽《あお》ることで学力強化を図ったのであるが、どちらも、その結果はかんばしくない状況である。

それに対して、先進国の中で高い学力の維持に成功している国々は、英米とはまったく正反対とも言える道を選択した。それらの国々に共通して言えることは、競争よりも学習の社会的側面や主体的な体験の側面を重視し、試験や点数による評価を最小限にとどめたということであり、それにとって一斉授業以外の多様な学び方が実を結んでいる。

そうした教育にあっては、どんな子どもも自分の特性に合った教育に豊富に出会うチャンスが多くなり、子どもの多様な能力をそれぞれ伸ばす機会に巡り合うことにつながったと言えるだろう。つまり死角が生まれにくく、社会に出たときも通用しやすいのである。

また、常に子どもの自立という視点を持ち、その子の特性に応じた教育を選択させ、職業教育にスムーズにつなげていく仕組みが、日本とは大いに異なる点である。

一方、台湾や韓国、中国といった新興地域の状況は、かつて日本が学力世界一を誇った頃と非常に似ていると言えるだろう。社会の枠組みや統制がまだしっかり残っていて、学校もそれなりに機能する中で、高い教育熱と経済的豊かさを求める激しい競争心を駆動力にして、高い学力（受験用の学力になりがちではあるが）が獲得されるという構図だ。

しかし、こうした国々も、日本のようにさらに社会の解体と個人主義化が進めば、学力の低迷や社会的スキルの低下といった問題に苦しめられ、自立が困難な若者たちの増加という事態を招来するだろう。なぜなら、こうした教育は、一面的な学力を育てるのには効率がよいが、社会的能力や統合能力、実践的な能力の訓練としては死角を生みやすく、しょせん学力試験で点数を稼げても、社会で通用しないことも起きやすいからだ。

かつての日本のように、社会自体が機能を保っていて、社会性の面での蓄積がある間は効率よく学力を伸ばせるが、社会的体験やより統合的で創造的な体験の機会を食いつぶしてしまうと、日本で起きているように、土台のないところに知識だけを盛るという状況になってしまい、ちっとも身につかない状況に陥るからだ。日本の現状からすると、それはすでにたどってきた道であり、今後、日本に必要なのは、表面的な学力に踊らされるのではなく、自立できる子どもに育てていける新たな仕組みをつくり上げていくことである。それが、民主的な個人主義社会として成熟していくために必要なステップに思える。

そうしたことを踏まえて、次の章では日本の教育の問題点について考えてみたい。

第5章

日本の教育は、なぜ子どもを伸ばせないのか

子どものニーズに合わなくなった日本型教育

日本の教育の最大の特徴は、よい意味でも悪い意味でも非常に画一的で、子どもの特性や嗜好に関係なく、同じ内容で、同じ方法によって行われ続けてきたことである。そうした教育が、うまく機能していた時代もあった。社会的体験や遊びの体験がまだ豊富で、社会的スキルや統合能力を養う機会がふんだんにあった時代は、それでうまくいっていたのかもしれない。

しかし、日本型の教育は、もはや子どものニーズだけでなく、社会のニーズとも大きなズレを生むに至っている。学校に行くことが、その子の能力を高めるどころか、劣等感だけを植えつける役割しか果たさず、下手をすると生命さえも危うくするという悲劇さえも生んでいる。

では、学校にうまく適応した優等生は安泰かというと、そうでもない。いくら学校の勉強を頑張って、よい成績をとったところで、社会に出てみれば何の役にも立たないどころか、自立することもできないという別の悲劇も生んでいる現状がある。

こうした愚かしい状況を生む元凶の一つとなっているのは、「五教科主義」であろう。国数英理社という五教科を、実技科目よりも重要視する伝統である。しかも、その中身は知識暗記型であり、ペーパーテストでしか「実力」が発揮できない、蜃気楼《しんきろう》のような「学力」を培うためのものである。

こうした学力観や教育方針に縛られている限り、多くの子どもは、その特性を生かすチャンスに出会いにくい。ことに、視覚空間型のタイプの子はなかなか浮かばれない。

聴覚言語型や視覚言語型の人は、自分の比較的得意とするところで勝負をすることができるが、視覚空間型の人は、自分の苦手なところで順位をつけられ、合否を決められてしまう。

しかも、その子どもたちにとって、苦労してでも五教科を学ぶことが、将来、大いに役立つのであれば苦労のしがいもあるが、彼らの将来の生活にはほとんど益することなどないようなものである。

彼らの特性に合った方法で、彼らが興味を覚えやすいことを学ばせた方が、彼らの将来の生活にも助けとなるのだ。実際、このタイプの人は実践的に力を発揮するタイプであり、理屈ばかり言って体がちっとも動かないタイプとは異なり、理屈をこねるのは上手ではないが、実効性の高い動きを動物的な勘でとることに長《た》けているのである。

五教科を重視することを全面的に否定するつもりはない。しかし、あるタイプの子どもたちにとっては、もっと実技的な能力や作業的な能力を評価する仕組みをつくり、それを伸ばしていくことを教育の柱に据えたコースがあってもいいだろう。このタイプの子どもにとっては、その方がはるかに時間を有効に使うことができ、能力と自信を高めることにつながるだろう。

もっと頭の柔らかい時期から職業的な訓練の準備を行えれば、より高度な技能を社会に出るまでに身につけることもできるだろう。その子が本当に、将来自立していける力を授けてやれるはずだ。もちろん、その間に、学問的な欲求に目覚めれば、コースを移ることもできる柔軟な仕組みにしておけばよいだろう。

実際に、オランダやドイツ、スイスでは、こうした仕組みが当たり前なのである。子どもの特性に関係なく、中学高校の子どもたちを縛り続ける画一的な五教科主義は、日本の教育に取りついた強迫観念のように思える。

講義暗記型教育の起源は

そもそもなぜ、国数英理社という五教科主義が、これほど幅を利かす状況が続いているのだろうか。五教科はペーパー試験をしやすいという共通点がある。実は五教科主義は、この国の教育に悲劇をもたらしてきた、もう一つの固定観念と密接に結びついているのだ。その固定観念とは、「講義暗記型」の教育法である。

教師が前に立って授業をし、それをノートにとり、その内容をどれだけ覚えているかが試験されるという流儀の、講義暗記型の教育が、今日もわが国の教育の主流なわけであるが、こうした方法は、あるタイプの子どもたちには適合しても、それ以外の子どもたちには合わないだけでなく、効果も薄い。ところが、この授業スタイルは、一世紀以上にもわたって延々と続けられてきたのである。

そもそも講義暗記型のスタイルが確立されたのは、教育社会学者の潮木守一《うしおぎもりかず》氏の研究によれば、明治時代に東京帝国大学が設立されたときからだという。

東京帝国大学では、まさにこの方式の教育が徹底して行われた。教授は演壇で講義ノートを朗読し、それを学生が一字一句逃さずに書き写す。教授が言った冗談まで書き写したというが、その冗談が試験にも出るからだという笑えない冗談も残っている。それを試験のときには丸暗記し、答案に一字一句たがえずに書く。教授は自分の講義したとおりに書いたものを正解として採点した。試験の点数はすべて張り出され、公表された。一週三十時間を超える履修科目はすべて指定され、一科目でも合格できなければ落第となった。

暗記する量は膨大で、試験のたびに数千ページのノートを暗記しなければならなかったという。学生はノートの筆記と整理だけで寝る時間もないほどで、本を読む暇などまったくなかった。もちろん、自分の考えを書いたりしたら、たちどころに落第させられてしまう。

私自身、東京大学に在学したのは昭和五十年代であるが、少なくともその頃にも、そうした体質がまだ色濃く残っていた。東大には、悪名高い「進学振り分け」という制度があって、自分の希望する学科に進めるかどうかは、履修した科目の平均点で選抜される仕組みになっていた。そのため、人気の高い学科に進みたい学生は、一字一句余さずにノートにとるだけでなく、講義内容をこっそり録音して、それをもう一度聞いて、聞き落としのない完璧なノートをつくって、それを頭に叩き込むという勉強をしていた。そして、試験が始まると、覚えていることを一気呵成《いっきかせい》に書いて、答案用紙の裏側までびっちり埋めるのが、高い得点をもらうためには必要であった。私のように講義にもろくに出ず、自分で本を読んで、試験が来たら、その場で思いついた考えを書くという学生には、まともな点数は与えられない。

こうした東大の「体質」は、潮木氏によれば、その設立の出発点から必然性をもったものであるという。この間の研究を行ったのは、国制史が専門の瀧井《たきい》一博《かずひろ》氏で、瀧井氏は、その著『ドイツ国家学と明治国制　シュタイン国家学の軌跡』（ミネルヴァ書房）において、伊藤博文がいかにして東京帝国大学を創設することになったのか、その間の事情をつまびらかにしている。

その当時、ちまたでは自由民権運動が盛んで、極めて政治的に不安定な状況が生まれていた。特に伊藤が神経をとがらせたのが、政権を離れた大隈重信が立憲改進党を結党するとともに、東京専門学校（後の早稲田大学）を設立し、そこに若者を集めて、極めて政治色の濃い教育を行いはじめたことである。

その動きに対抗するために、伊藤は政府や国家を支える人材を育成する必要性を強く感じていた。その伊藤の考えにマッチしたのが、憲法制定に向けた調査のためドイツを訪問した際に出会ったシュタインの「国家学」である。

シュタインは、国家の安定のためには政治的イデオロギーではなく、高い「国政知」、つまり、法制度や政策についての専門的な知識を備えた官僚の養成が不可欠だと説いた。「政談的知識人」ではなく、国家を支える専門家集団テクノクラートの育成という方向性を得た伊藤は、帰国後、東京帝国大学の創設に動く。

そうした背景があって誕生した東京帝国大学では、自由な発想とか政治的な議論に臆病なところがあり、教授の教えるところを言われるままに暗記した者が成績優秀者として評価されるという保守的な体質を生んだ。

当時から、こうした教育方法には批判があって、「筆記学問」とか「ノートをなくしたら、ただの人」といって、一部からは揶揄《やゆ》されていた。あるドイツ人の教師がこの教育方法に疑問をもって、暗記では通用しない問題を出したところ、何も解答できないというありさまだったという。しかし、こうした東大の体質は長く続くことになり、日本の教育のあり方にも大きな影響を与えた。

京都大学の挑戦

もちろん、こうした教育のあり方にレジストする動きが、教育界の中にもあった。その最たるものが、京都帝国大学の試みである。京都帝国大学は、東京帝国大学よりも十一年遅れて誕生した。京都帝国大学の設立に当たっては、ドイツ留学から呼び戻された有為な人材が多く投入されたこともあり、東京帝国大学の講義暗記中心の学問とは違う方法を模索した。

そのモデルとなったのが、ドイツで広く行われるようになっていたゼミナール方式である。ゼミナールとは、ドイツ語で研究室のことを言う。つまり、講義室ではなく、研究室という研究の現場で、学生自身が研究しながら学ばせる教育方法である。その根底には、新しい教育観があった。つまり、教育とは知識を教えるのではなく、学ぶ方法を教えるのだということである。この方法は、実際に資料に触れたり、実験をしたりして、実践的だと言える。単に読んだり、話を聞いたりというだけでなく、体を動かし、手で触れ、さしで議論し、自分の研究成果を発表するといった、実に多面的な要素を盛り込みやすい。

ただし、ドイツ仕込みの本格的なゼミナール室を整備するのは、物理的な制約もあって困難だったが、その代わり、京大では図書館を活用することで、学生に自由に学ばせようとした。自ら内外の文献を渉猟《しょうりょう》しながら研究できる体制を整えたのだ。東大では、学生が図書を借りることは原則できなかったが、京大は、学生が書庫に入って図書を探し、十冊まで借りられるようにした。また、卒業論文を日本で最初に導入し、優秀なものは刊行した。

それから、八十年以上も後の話になるが、私自身、京大に入って驚いたのは、書庫に入れることであった。東大では、請求カードを書いて、職員に探してきてもらっていたが、京大では、自分で探してこいというのである。地下書庫に並んだ何十万冊もの本に、直《じか》に出会えるのである。医学図書館などは、番をする人さえおらず、勝手に書庫に入って、中をうろつくことができた。これは、実にすばらしいことだった。最新の雑誌はもちろんのこと、戦前の雑誌や貴重な資料を手にすることができるのだ。

明治三十年代の話に戻ろう。京大では、当時から科目の選択を自由にし、四年間どの時点でも試験を受ければ単位をもらえるようにし、出席もチェックしなかった。つまり、一年ぐらいどこかへ行っていても、ちゃんと卒業することが可能だった。学生たちは試験に縛られることなく、図書館から借り出した原書を読み、自ら学んだのである。ただ、当時から、学生たちは卒業論文には苦しめられたようだ。しかし、そのレベルは極めて高く、学生の域を超えたものが少なくなかった。これによって、京大には、非常に自由はつらつとして、清新な空気が生まれた。

こうした「美風」がまだ残っていたおかげで、私自身ずいぶん助かったものである。私は働きながら医学部に通っていたので、もし講義に全部出なければ単位をやらないと言われれば、卒業できなかっただろう。幸い、そういう堅苦しい締めつけも一切なく、実習の途中でこれから仕事に行きますと言うと、大変だねと優しくねぎらってくれたものである。

東大の教育のあり方が講義暗記型であるのに対して、京大の教育は「自由研究型」であったと言える。

京大方式の挫折と東大方式の隆盛

ところが、この京大の新たな試みは、手痛い挫折をこうむる。その挫折をもたらしたものは、役人の登竜門、高等文官試験だった。高等文官試験は、中国の官吏登用試験である科挙の制度をモデルにしてつくられた、エリート官僚の選抜試験だが、高等文官試験の合格者は、圧倒的に東大が占めることになったのである。京大は合格者が一人しかいないという年が続き、ついには合格者がゼロという事態を迎えてしまう。合格者数という点では、東大だけでなく、他の私立大学にも大きく水をあけられてしまった。

自由な学風に憧れて学生が殺到していた京大だったが、その状況を見て、みるみる人気を失い、学生はこぞって東大を目指すようになる。京大法科の場合、一九〇三年(明治三十六年)には、百六十三人に達していた志願者数は、〇七年には、三十四人という惨憺《さんたん》たる凋落《ちょうらく》ぶりを示したのだ。京大は激しい非難を受ける。帝国大学としての役割を果たしていないというのである。

囂々《ごうごう》の非難の中、ゼミナール方式の推進者であった高根義人教授は職を辞すに至る。東大の詰め込み式の「筆記学問」に対して、自由な空気の中で自ら研究することを通じて学ばせるという京大の理想は挫折する。京大は規定を改正し、東大流の教育方法に倣うことになる。卒業論文もなくなり、ゼミナールは演習として形だけは残されたが、学年試験の対象からは外され、必須でもなくなったため、選択する者はわずかであった。高等文官試験の合格者数は増え、学生の志願者も回復したが、かつての自由な学風は失われていった。原書を自ら読んで論文を書くという学生も、もちろんいなくなった。図書館の熱気も失われ、学生たちは講義ノートを暗記することに追われるようになった。

このように、講義暗記型の教育は、その起源からも、東洋的な中央集権の伝統と深く結びついていたことがわかる。中央集権の強い国では、こうした教育法が好まれる。なぜなら、個人が自分の考えをもちすぎることは不都合だからだ。日本社会は民主的な個人主義社会に移行して半世紀あまりだが、その教育方法は、明治時代以来の中央集権の名残が強いままなのである。そこに無理が生じないわけがない。

中国はもちろん、韓国や台湾でも、もっと色濃く中央集権のにおいが残っているが、社会の統制がまだ強いので、教師や学校の権威も保たれているため、日本ほど荒れずに済んでいるのである。

上意下達《じょういかたつ》の日本社会と画一化した教育

高等文官試験は、戦後、国家公務員上級試験、国家公務員採用Ⅰ種試験と名前を変え、キャリア官僚の仲間入りをするための関門であり続けてきた。そこを頂点にして、大学教育、そして、その下に連なる中等、初等教育は、知らず知らずのうちに強い影響を受けてきた。

講義暗記型の教育や五教科主義といったものは、上級試験（国家Ⅰ種）に合格するための必要条件でもあった。試験の内容を見ればわかるように、一般教養では五教科的な知識を幅広く身につけていることが求められるが、それは短時間では到底身につけられない膨大なものであり、初等、中等教育の段階から知識を蓄積し続けなければ、まったく立ち打ちできない。

大学での専門教育だけでなく、初等、中等教育も、それに呼応する形で、引きずられてきたと言える。

それは多くの普通の市民として育つ子どもたちにとって、もっともふさわしい教育のあり方なのだろうか。官僚とは無縁な工場や建設現場で働くことになる子どもにとって、同じレールの上を走らせることが、本当にその子のために役立つのだろうか。それぞれの子どもが社会に出たときに、もっと自分の助けになることを身につけさせてはいけないのだろうか。そうした疑問が浮かぶのである。

発想を逆転すれば、万遍のない知識量や専門分野に関する知識、論述というペーパー試験中心の登用制度で、国家を支えていく有為な人材を本当に選ぶことができるのだろうか、という疑問も浮かぶ。人間の能力はもっと多様である。もっと多様な観点で、実践的な能力も重視した人材選びもあっていいはずである。そこから変えていけば、日本の教育全体もおのずと変わっていく気がする。

現在の国家公務員採用I種試験では、教養試験のほかに、専門試験として選択式問題と論述式問題が課せられ、また総合試験と呼ばれる論文試験や面接も重視される。ペーパー試験の限界を考慮し、統合能力や課題処理能力（実行機能）や社会的スキルも、ある程度チェックされる仕組みになっている。

それでも、ペーパー試験が中心である以上、実践的能力を見るのに十分とは言えない。しかも、合格者はキャリア官僚という特別枠で、行政の幹部候補生として昇進が保障され、政府の中枢を担うことが約束される。たとえ実践の場において、キャリア官僚よりも高い能力を発揮する人がいても、キャリアでないという理由で要職から締め出される。

そうした不合理を補うべく、二〇一二年度から、I種、II種、III種といった区分が廃止され、総合職、一般職、専門職といったくくりの採用となり、一定期間、実際の仕事ぶりを見た上で、幹部候補になる人材を選んでいくという新たな仕組みがスタートした。これは、官僚の登用の問題にとどまらず、日本の教育全体を変えていくきっかけとなるかもしれない。

宮仕えの教育から企業家型の教育へ

このように、講義暗記型の教育は、もともと官僚を養成するために行われてきたものであり、それが教育全般に適用されてしまったのが、日本の教育の現状だった。それは、ある意味、宮仕え向きの従順な人間を育てるのに適した教育方法だったかもしれないが、果たして子どもたちの将来を幸せなものにするためのものと言えるだろうか。現実問題、多くの子どもの特性やニーズと、あまりにも大きなギャップや齟齬《そご》を生じてしまってきているのである。

例えば、視覚空間型の特性をもつ子どもの場合、彼らは自ら実際にやってみることで学ぶことを得意とする。高い行動力や好奇心、実験精神に富む。しかし、講義暗記型の教育では、彼らの特性は生かされることなく、窒息させられてしまう。彼らは、みんなと同じように席に座って、従順に教師の話に耳を傾けるということが体質的に合わない。そういうことが苦手だというだけでなく、そこからは生産的な価値が生まれにくいのである。

このタイプは役人やサラリーマンとして成功するよりも、自由業や企業家で成功するタイプなのである。そして、今の日本が求めているのは、まさにそうした人材なのではないのか。ところが現実は、こうしたタイプの子どもが切り捨てられてきたというのが、日本の中等教育の実態なのである。

三十年前に破綻している中学教育

中学校で校内暴力の最初の嵐が吹き荒れたのは、一九七〇年代後半のことである。もう三十年以上前のことだ。学校では教師が授業中に殴られたり、窓ガラスが割られたりする事件が頻発した。それ以降、消長はあるものの、中学校の荒廃した状況は根本的には改善されていない。少子化が進んでいるにもかかわらず、校外および校内暴力の件数も一向に減らず、ついに二〇〇九年には中学で約四万四千件、小中高の合計では六万件を超え、史上最悪を記録している。

こうした状況にはさまざまな要因が絡んでいるわけだが、その一つの要因として見逃せないのは、それぞれの子どもの特性に合った教育が与えられない状況がずっと続

学校内外を合計した暴力行為発生件数の推移

年度	小学校	中学校	高等学校	合計
1997年	1,432	21,585	5,509	28,526
1998年	1,706	26,783	6,743	35,232
1999年	1,668	28,077	6,833	36,578
2000年	1,483	31,285	7,606	40,374
2001年	1,630	29,388	7,213	38,231
2002年	1,393	26,295	6,077	33,765
2003年	1,777	27,414	6,201	35,392
2004年	2,100	25,984	5,938	34,022
2005年	2,176	25,796	6,046	34,018
2006年	3,803	30,564	10,254	44,621
2007年	5,214	36,803	10,739	52,756
2008年	6,484	42,754	10,380	59,618
2009年	7,115	43,715	10,085	60,915

注1:1997年度から2005年度は、公立小・中・高等学校を対象に調査
注2:2006年度からは、公立学校に加え、国・私立学校も調査
※文部科学省HPより

いているということである。

　本当は、三十年前に、今の中学制度を含めた学校制度を根本から見直すべきだったのだと思う。どういう面から見ても現状の制度は無理があり、子どもたちの特性を生かすことができないのである。

　もともと受け身的に人の話を聞いて学習することが合わない、視覚空間型の特性をもつ子どもに、ますます抽象的になる内容を教師が前に立って授業するという形で学ばせることは、何重にも困難なのだ。それは、まったく成算のない試みに、生徒と教師を投入して、その労力と時間を無駄にしているのに近い。どういうヴィジョンと目的

があってそういうことをしているのか、理解しがたいことである。

いくら教師が努力しても、そこには脳の特性自体の違いも含めた、その子の特性の違いという根本的な問題が横たわっているのだ。今のシステムに合っている子どもたちも、合わない子どもたちの不満と苛立《いらだ》ちによって、しばしば迷惑をこうむっている。どの子どもにとっても迷惑な制度なのだ。

まず必要なのは、子どもの特性に応じた多様性を教育の機会が与えられるようにすることである。子どもが、その多様な選択肢から、自分が学びたいものを自主的に選べるようにする必要がある。そして、それぞれの子どもの特性や目的に応じた教育を行うのである。もちろん、事情が変わったときにリカバリーできるように柔軟性をもった制度にする必要があるだろう。

進路別教育の可能性

その場合、総合制か、進路別分枝型かという問題が起きてくる。この選択には、欧米でも揺れ動きがあり、同じ国によっても変遷がある。ヨーロッパでは、中等教育は、もともと進路別に枝分かれするシステムが中心であった。それが、例えばイギリスでは一九六〇年代から、教育の機会均等が叫ばれるようになり、総合制の学校が増え、八〇年代には、公立高校の九割が総合制という状況になった。もちろん、総合制の枠の中で、数学や外国語の能力ごとに習熟度別クラス編成になっており、また子どもの関心に応じた選択肢が用意されている。

オランダやドイツでも、中学入学の段階で進路を決めてしまうのは時期尚早で、社会的不平等を生み出す原因にもなっていると考えられるようになり、総合制の中学が少しずつ増えた。しかし、その数はそれほど多くはなく、ドイツで全体の７パーセント弱にとどまる。オランダの場合は総合制という形はとらず、代わりに大学進学コースと高等専門学校コース、あるいは、高等専門学校コースと中等専門学校コースの二つのコースを併設した学校が主流になっている。最初の二年間は共通の科目を履修し、次第に分かれていくという形である。

フィンランドでは、かつては分枝型のシステムをとっていたが、七〇年代に総合制へと切り替わっていった。以来、総合制が堅持されている。

このように、あまりに早くから子どもを色分けし、進路を決めてしまうのは、子どもの可能性を狭めてしまう弊害が心配される。しかし、その一方で、子どもの特性の違いもはっきりしているのに、職業選択や進路を考慮した教育が先延ばしになりすぎると、デメリットが強まる。

結局は、どちらがいいという問題ではなく、中等教育に差し掛かる頃には、統合と分化の、どちらの要素も必要なのだろう。その両方を満たす方法を見つけ出していかねばならないのだが、日本はそうした意識さえ乏しく、試行錯誤らしい試行錯誤すらしてきていない。画一化した教育が、画一化した方法で行われ続けていることに疑問すらもたないということが、もっとも問題なのかもしれない。

自立という観点が乏しい日本の教育

そうした意識の乏しさが、何歳になっても自分の進路が決められないという問題となって表れているように思える。まるで、高校や大学に進学することが、人生の目的であるかのような錯覚さえ起こしてしまっている。その錯覚にとらわれているのは、子どもだけでなく、しばしば親や教師までも、である。

前章で見てきたように、ヨーロッパでは、概して、職業コースの人気が高く、また、中身も充実している。日本のように、できる子は普通科に行き、できない子が職業科に行くというような序列意識はなく、その子の特性に合った、その子にふさわしい教育を選ぶことが当たり前のことと考えられている。

もちろん、知識階級の中には、子どもに大学に行ってほしいという願望があることは事実で、ドイツなどでは結構強い。しかし、親が知的職業についていようと、子どもに合っていないとわかれば、大学にこだわるということはしない。

　一方、日本は、中学校では全員が同じ普通教育を受けるだけでなく、七割の子が普通科高校に進み、職業高校に進む割合は三割を割り込んでいる。その分、職業的訓練の開始が遅くなる。また、その子の特性とのミスマッチも起きやすくなっている。それは、結局、貴重な子どもの時間を、その子の特性を生かすための有効なトレーニングに費やすのではなく、無駄に空費してしまったり、劣等感を植えつけてしまったりする結果につながっている。

　自立という現実を見据えた場合、経済的に自立できる職業的技能の獲得は非常に重要になる。技能という点では、訓練の開始が遅くなれば、それは多くの不利を抱えることにもつながる。そうなると、現状の学校教育は、子どもの職業的自立のチャンスをむしろ邪魔しているということにさえなっている。

　自立とは、現実の社会の中に自分の居場所を確立する営みであり、夢や理想を膨らませるだけでは通用しない厳しさをもつ。経済が右肩上がりで、勤め先も引く手あまただった時代には、自分が学んだことがおよそ役に立たなかったとしても、笑って済ますことができただろう。しかし、今、子どもたちが置かれた状況は、そんな生やさしいものではない。子どもたち自身がそれを感じている。そうした状況に対応できていないのは、教育の仕組みの方なのだ。本当のニーズと、提供される教育の間に、深刻なミスマッチが起きているのである。

中学段階での教育の多様化を図ると同時に、高校の教育内容の見直しも求められるだろう。普通科という枠組みでいくにしろ、理科系か文科系かという分け方だけでなく、もっと将来に備えた多様なコースが整備されてもいいだろう。職業科も、もっとレベルアップが図られ、ドイツの実科学校のように多様な職種に人材を供給できる仕組みを目指すべきではないだろうか。専門学校卒業レベルの実力がつき、就職にも断然有利となるくらいの教育が行われれば、何となく普通科を選んでいた子どもも、もっと将来について現実的に考えた選択をするようになるだろう。子どもたちのニーズにもっと応えられる仕組みを、模索すべきではないかと思われる。

フィンランドの四年制高等職業専門学校などの位置づけと比べて、日本の専門学校の地位はとても低く、そのため、本来なら専門学校で学びたい人も大学を選ぶという状況もある。子どものそれぞれの特性を、もっとも適した方向に伸ばすためには、非常にいびつな状況にあると言える。

自立という観点で考えるならば、十八歳という年齢までに受けた教育が、その後の人生を切り開いていく上で核となる能力やスキルを準備するものとなることが望まれるのは言うまでもない。というのも、それまでの時間が人生でもっとも吸収力の高い時間なのだから。

普通科高校に進んだものの、分数も初歩的な英語も理解できず、それで、仮に大学に進んだとして、その時間や費用は本当に有効に使われたと言えるだろうか。

その子が、結局、大学を中退してフリーターになり、ピザ屋の配達から努力の末、店長になったとしよう。彼の能力をもっと早くから生かして、伸ばす方法はほかになかったのだろうか。彼は、やはり普通科教育、つまり五教科主義の教育を受け続けるしかなかったのだろうか。あまりにも、子どもたちに狭い選択肢しか提供できていないのではないだろうか。

その子の現実を見据えた、もっと現実的な選択肢をきちんと用意し、もっと幅広いチャンスを与えることが必要ではないのか。そうして、その子が本当に社会で活躍できるように準備することが、その子の幸福な自立につながるのではないだろうか。

五教科主義は、優等生たちの自立を助けているか

視覚空間型の子どもたちにとって、画一的な五教科主義は、メリットよりもデメリ

ットの部分がはるかに大きいのだが、では、聴覚言語型や視覚言語型の子どもにとっては、メリットが大きいと言えるだろうか。

彼らは、視覚空間型の子どもよりも、よい成績をとれるという点ではメリットがあるだろう。しかし、よい成績をとることは、必ずしも、将来、社会でやっていけることを保証しない。冒頭で出てきた大学院生のように、五教科主義の教育ではスーパーエリートだった人が、就職は言うにおよばず、得意なはずの学業でさえも行き詰まってしまうことが起きる。

何が足りないのかといえば、統合機能や社会的スキルの能力が決定的に不足しているのである。彼が受けた五教科の教育では、それを補ってはくれなかったのだ。

つまり、五教科という枠組みを続けるにしても、その中身を、教育の方法を抜本的に見直し、子どもが社会に出たとき、本当に役立つものに変えていく必要がある。統合機能や社会的スキルを高める要素をもっと積極的に取り入れる必要があるだろう。現在の内容や取り組み方では、子どもたちの自立を助けるのに心もとないと言わざるを得ない。

断片的な知識や試験対策のテクニックを覚えることに貴重な時間を費やすことをやめて、その子が将来どんな問題にぶつかっても、それを粘り強く解決していけるような地力をつけていくことが大切に思える。そのためには、知識ではなく、実践的な能力にも意を注ぎ育てていくことが必要である。

社会的スキルの不足が、なぜこれほど問題になるのか

若い世代での社会的スキルの低下が言われはじめてから、もう二十年にはなるだろう。社会的スキルや共感性の低下によって、対人関係がうまくもてなくなり、そのために、他の面では能力があっても、社会でうまくやっていくことができず、ひきこもってしまうというケースも急増している。なぜ、日本でこうしたことが特異的と言えるほどに多くなっているのか。このことは、軽度な発達障害による問題が日本に目立って多いという事情とも関係しているだろう。全世界的に発達障害は急増しているが、軽度の発達障害の問題がこれほど深刻化している国は日本をおいてほかにないのである。社会的スキルや共感性の低下が、問題や破綻《はたん》を起こしやすい特異な事情が、日本社会には存在していると考えられる。

その原因の一つは、日本の伝統的社会が急速に崩壊し、それに代わる自立した個人主義がいまだ確立されないままに、非常に未熟で自己愛的な個人主義が幅を利かせる状況を生んでしまったことが挙げられるだろう。その状況においては、かつて義理人

情や共同体意識によって結びつけられていた個人は、ばらばらに解体されたまま、新たに人々を結びつける価値観や社会的責任感といったものを依然もたないままである。その結果、アノミー（統制や規範の失われた状態）で非常に混沌とした社会状況を現出させた。

そうした状況にあっては、激しい変化と競争的重圧に対応できる、より高い社会的スキルが求められることになる。安定した社会状況ならば、苦労せずに社会生活に耐えられた人も、そこから振り落とされやすくなっている。しかも、そこにグローバリゼーションや高齢化に伴う経済の先細りという状況も加わって、プレッシャーが強まっている。

だが、個人主義社会を見渡すと、同じような困難にさらされながらも、日本に見られるような破綻をきたすことなく、若者の社会的自立を成し遂げ、経済成長を達成しているフィンランドやオランダのような先進国もある。そう考えると、もう一つの原因が、可能性として浮上することになる。つまり、社会の変化に合わせて、教育や子育ての面でも対応を変えていくことが必要なのに、その根本的な手だてを怠ってきたのではないのかということである。

社会が個人主義になれば、自立や責任を学ばせることが、依存的な大家族社会にあったときとは比較にならないほど重要性を増す。それゆえ、個人主義の先進国は、共感性や社会的スキルだけでなく、共同体に対する責任といった社会的意識を学ばせることに多大な労力を割いている。ところが、日本は、歴史に前例がないほど急激な個人主義への転換に遭遇しているにもかかわらず、その部分を学ばせることを軽んじ、それどころか個人主義の時代においては、そうしたものは必要なくなったのだという錯覚にすら陥っていたように思える。

社会が崩壊し、自然発生的な社会的体験がますます細っていく中で、共感性や社会的スキルや責任といったものを学ぶことは、いっそう重要になる。しかも、それをなし得るのは学校においてしかないのである。その点でも、学校教育はいっそう重要になる。ところが、そのことの認識があまりにも乏しく、軽視されすぎてきたのではないかと思われる。

しかも、次の項で見るように、過剰な競争が教育の場にもち込まれ、社会性を育てるよりも損ないかねない事態をもたらしていた節がある。

受験戦争と点数主義が生み出したもの

フィンランドやオランダでは、受験戦争や全国学力テストはもちろんのこと、期末テストのような成績をつけるための試験もない。日本では、勉強するのは試験の前で、試験でよい点数をとることが大きな勉強のモチベーションとなっているが、そうした勉強は本来の勉強ではないと考えるのだ。知識を詰め込ませ、点数を競争するのではなく、学ぶ楽しさや学ぶ方法を学ばせることが教育だと考える。

フィンランドやオランダが全国テストや入学試験を行わないのは、その結果によって生徒や学校のランキング化が行われ、「勝者」だけでなく、「敗者」を生んでしまうということにある。敗者を生むことは、およそ教育の目的ではなく、敗者をつくり出さないことこそが教育が目指すべき方向だと考えるのだ。

テストや受験というものの弊害はそれだけにとどまらず、子どもの精神的な成長にもっと忌まわしいダメージを与えてしまう危険がある。それは、共感性を育《はぐく》むという点においてである。日本の子どもたちが長年さらされ続けている受験戦争は、子どもたちの心の潤いや仲間意識を薄れさせ、子どもを利己的にするのに一役買ってきた。

受験は合格すれば天国で、落ちれば地獄を味わう残酷な儀式である。青春の日々を何年にもわたって、そうした競争に明け暮れさせることは、友人との人間的なつながりよりも、利己的な傾向を助長させてしまう。自分が合格できるかどうかということに、un比はかかってくるのであり、友達と一緒に受験して、どちらかが落ちるとすれば、落ちるのが自分よりも友達であってほしいということになってしまうからだ。

難関校の受験に合格した受験エリートたちと接すると、何とも鼻もちならないプライドと、挫折した者を見下すようなまなざしを感じたものである。

しかも、受験エリートたちは、大学に合格した後、燃え尽きたように目標を見失い、無為に大学生活をすごしがちである。明らかに若者たちの精神に無理を強いているのだ。何年間も受験のためだけに毎日をすごしてきた者には、ＰＴＳＤ（心的外傷後ストレス障害）に近い後遺症が出てしまうように思う。

無気力や目的喪失という形で出てくるものがよく知られているが、中には受験勉強に順応しすぎて、受験勉強以外のものが勉強だと感じられないようなケースにもよく出会ったものだ。東大の駒場寮で一緒だった友人などは、もう大学に合格しているというのに、「趣味で」予備校の模擬試験を受けに行っていた。

研究型や実践型の学習にはあまり興味がないが、受験型の学習になるとがぜん意欲がわくという習性を身につけてしまうのだ。これは、社会的自立という点ではマイナスに働いてしまう。このタイプの人は公務員試験とか資格試験に合格することで、社会的な自立を達成しようとすることが多い。その人の特性を生かした方向だと言えるだろうが、果たしてそれで、本当に有為な人材が供給されるのかということになると、疑問を感じる。

受験戦争は団塊の世代が受験生だった頃からすでに始まり、どんどんエスカレートしながら続いてきたが、少子化で、大学全入時代を迎えても、いまだにやむ気配がない。この社会の成員がどんどん利己的になるのを嘆いて道徳教育などと言ったところで、その一方で子どもたちに過酷な受験を課して、点数至上主義の教育をしていたのでは、一向に本質的な改善は得られないだろう。

集団の多様性が、新たな可能性を生む

東洋的な中央集権と五人組的な村社会の名残として、日本には今も根強く、みんなと同じでないと不安で、枠から外れた者を白眼視し、異質な者をすぐに排除しようとする傾向がある。いじめなどの背景にも、そうした日本的体質が関係している。

学校だけでなく、企業といった組織にもそれははびこっている。日本型の組織は、どこで切っても同じような質とレベルを求めたがる。そうした金太郎飴のような集団は、リスクの時代を乗り越えることができない。外圧が加わると、生産的な変化を起こすよりも、一方向に暴走を起こすか、全員玉砕する。上に立つ者が、自分と同じ考え方や規範を下の者全員に要求するような集団は、時代の変化に耐えられない。今や

優れた企業は組織の多様性を高めることに神経を配っている。それが、淘汰されずに生き残り続けるチャンスを増やすからだ。逆に、あまりに画一的な基準を社員に要求する企業は、たとえ今繁栄していたとしても、その先は危うい。

教育や子育ても同じである。教師や親が一つの基準を子どもに押しつけようとすると、よい子は育てられても、時代の変化を乗り切れる、真に有為な人物は育たない。多様性を大事にし、さまざまな特性や考え方をもった人間を懐深く受け入れることこそが危機を乗り越え、発展していくためには必要なのだ。

多様な特性をもった子どもを、それぞれの特性を生かしながら育んでいくということは、社会全体の安定と発展のためにも重要なのである。

第6章

この国の再生は教育から

ＯＥＣＤは、二〇一〇年に、非常に興味深い報告書を発表した。“The High Cost of Low Educational Performance”（低い教育的成果の高い費用）と題された報告書は、これまで行われたＰＩＳＡ学力テストなどの結果と経済成長の関係を分析し、その国の労働者の認知スキルがわずかに改善するだけで、将来的な豊かさに非常に大きな改善効果があることを明らかにした。しかも、それによるＧＤＰの増加幅は、不況対策といった短期的な経済政策による効果を、長期的に見ると、はるかに凌いでいた。

逆に言えば、若い世代の認知スキルがわずかでも低下することは、その国の未来に対してネガティブな影響が大きいということである。また、不況対策に場当たり的に税金を使うよりも、若い世代の教育や訓練に使った方が、長い目で見ると、経済を押し上げる効果がより大きいということになる。

認知スキルとは、ＰＩＳＡの学力テストで測られるような課題を理解し、解決方法を考え、判断し、それを伝えたり、実行したりする実践的な能力である。こうした力は、知識偏重の「学力」ではなく、真の問題解決能力、統合能力や社会的スキルとも結びついている。日本において、いわゆる学力以上に、ＰＩＳＡ流の学力が低迷していることは、日本の将来にとって、ゆゆしき事態と言わざるを得ない。

それは、個人の自立を損なうだけでなく、国の未来を危うくすることで、個々人の人生をいっそう過酷なものにしてしまう。

　こうした悪循環を食い止め、子どもたちが自立を果たすとともに、日本が希望のある未来を取り戻すためには、教育の再建をしていくことが何よりも求められるのだ。

　これからの教育が目指す方向は、もはや言うまでもないだろう。子どもの特性を最大限に生かし、どの子どもも社会に出たときに、困らないようにする教育である。それは言い換えれば、「自立できる教育」だと言えるだろう。そのためには、日本の教育をどう変えていけばよいのか。これまでの議論を踏まえて、大胆に提言を行いたいと思う。教育が変わることが、日本の再生の足掛かりともなるだろう。

自立の失敗と学力低下の根底にある問題

日本の教育を自立という観点から見てきたが、それは、同時に、もっとも本来的な意味での学力とも連なっている問題であった。ここで言う学力とは、課題を理解し、解決する方法を考え、情報を収集し、意見を交換し、判断を下し、実行し、その結果を検討し、それを報告し、議論し、深めていくことを繰り返しながら学んでいく力にほかならない。

　それは、統合的な能力でもあると同時に、社会的な能力でもある。統合は、弁証法的な行為、つまり対話や議論によって、もっとも促進されるのであり、社会的営みと不可分なのだ。この部分を抜きにして学力を論じることは、生態系を無視して人類の繁栄を論じてきたのと同じ轍《てつ》を踏むことである。学力が伸びたと喜んでいるうちに、もっと肝心な部分が食いつぶされてしまっていたのだ。

学力低下の根底には、単に学力の問題というよりも、社会的体験や訓練の不足による、社会的な能力や実践的な能力の低下という根源的な問題が存在している。ここで言う社会的な能力とは、人に迷惑をかけないといった消極的な社会性にとどまらず、コミュニケーションをとり、意見を聞き、情報を集め、議論をするといった主体的な能力である。関与し、問題解決を図る能力が低下したため、学力も育たなくなっている。ことに、統合的な実践的な学力が低下をきたしている。それは、当然、職業的、社会的自立の失敗にもつながっていく。

だからこそ、学力を学力の問題だとしか認識せず、表面的な対応を行ってきた国は、問題を改善するどころか、ますます厄介な問題を引き起こす結果になってしまった。

社会的な要素や実践的な要素を重視した取り組みを行った国々では、学力の面でよい成果が見られただけでなく、共感性や社会的スキル、社会的耐性を育《はぐく》むことで、いじめや集団不適応の防止にもつながり、さらに、その後の職業的自立もスムーズなのだ。それは、結局、国全体としての経済成長や社会の安定にも寄与している。

実践的な能力とアカデミックな能力に優劣をつけない

職業的自立の過程を邪魔しがちな、日本に特有な事情の一つは、職業コースと大学進学コースを比べた場合、優れた者が大学進学コースに行くという「大学」信仰が、まだ根強いことである。アカデミックな能力を実践的な能力よりも上に見がちなのだ。それは、五教科を実技科目よりも重視し、五教科でも、ペーパーテストの能力を重視する傾向ともなっている。

しかし、実際に職業をもって自立する上では、実践的能力の方が重要になる。子どもの特性を考えた場合、実践的な能力は優れていても、アカデミックな科目では、どうしても成績が劣ってしまうという子どもも大勢いる。そうした子どもにとっては、アカデミックな能力を基準にした尺度で測られてしまうと、その子の優れた点が無視されるばかりか、劣等生扱いされてしまう。

それぞれの特性を優劣ではなく、それぞれの尺度で評価することが必要なのだ。フィンランドやオランダなどでは、職業コースと進学コースは、優劣ではなく、その子の特性に合っているかどうかという観点で見られる。そのことが、視覚空間型のような実践的なタイプの能力特性をもつ子どもにとって、優劣意識に煩わされることなく、自分の道を行くことを容易にしている。アカデミックな学問に向かない子どもが、世間体や親の期待のために大学に進むという悲劇は起きないのだ。

四年制の高等職業専門学校が充実しているフィンランド、オランダでは、大学以上に人気が高いし、社会で通用する高い技術を習得することができる。この高等職業専門学校の存在は、実践的な能力とアカデミックな能力が対等なものであることを名実ともに示している。実践的な能力特性をもつ子どもたちが、自分の持ち味を十分生かせるためには、職業コースの充実を図ることが不可欠である。

その具体的な方策については、また後ほど述べることとして、まずは、学力低下や自立の困難をもたらしている基礎的な能力の低下、つまり統合能力や社会的能力の低下をどうするのかについて考えていきたい。

統合能力を高める

日本の若者で、低下が顕著な能力の一つは、最初の章で指摘したように、統合能力である。統合能力の低下は、実践的な問題解決能力の低下にもつながっている。

その背景には、決定的な訓練不足がある。知識偏重、講義暗記型に偏りがちな教育やマークシート方式の入試、作文やディスカッションの軽視、社会的体験や遊びの貧困化と、そうした場で、対立や葛藤《かっとう》を克服する経験の不足などにより、統合能力が磨かれにくくなっている。

すでに見てきたとおり、欧米では、単なる知識よりも、こちらの方のトレーニングを重視する教育を行っている。グローバリゼーションの時代において、彼らと渡り合っていくためにも、この部分の訓練がますます重要になっている。

統合能力を高めるために何をすればよいかは、すでに述べたとおりである。しかし、それがわかっていてもできないという事情がある。それは、学力の評価方法や入学試験のあり方の問題による。

まず、統合能力がきちんと評価される仕組みをつくらなければならない。それも、五教科と同じように重要視する。例えば、「作文・討論・発表」といった科目をつくって、それを早くから訓練する。スピーチや自分たちで調べたことを発表するといった取り組みを日常的に取り入れる。チームで活動する時間を増やすなど、どれも昔から行われている方法であるが、それらを統合能力を高めるという観点からあらためて活用する。

もう一つ死角になっているのが、聞く、話す能力の低下であるが、ここに述べた手法は、そうした能力を高めるのにも役立つ。

競争ではなく助け合いを重視する

今、学力以上に若い世代で育たなくなっているのは共感性である。共感性を土台にして社会的スキルも育っていく。共感性の不足は、仲間や伴侶の獲得や子育てにおける困難という事態も招く。共感性が乏しいと、もっとも支障を生じやすいのは、子育ての領域である。共感性は職業的な自立だけでなく、一人前の大人として社会的な自立を達成するために非常に重要な能力である。

虐待やいじめの増加や冷酷な犯罪に象徴される、人と人との絆《きずな》の希薄化したこの国の殺伐とした状況は、共感性の低下と大いに関係している。共感性を育てることが、社会のぬくもりや絆を回復させることにつながる。

共感性を育む上では、家庭での養育や体験も重要であるが、学校でのネガティブな体験や利己的な風潮がそれを損なってしまう場合も少なくない。共感性を破壊してしまう一因となっているのが、過酷すぎる受験戦争や点数主義である。その意味で、この何十年かの受験戦争にさらされた世代は、自己愛的で、利己的で、共感性の乏しい世代に育てられてしまったとも言える。その結果、社会全体の共感性が低下し、相互扶助精神が失われ、殺伐とした現実を生み出すのにも一役買ってしまっている。

そこを、子どもの世代から変えていかなければならない。遠の昔に大人になってしまっている世代は仕方がないとしても、新しい世代を守っていく必要がある。そうすれば、自己愛的な世代の連鎖は防げるだろう。

小学校低学年の早い段階から、グループ内で助け合い、教え合うことが自然と身についていけば、共感性や社会的スキルも自ずと身についていきやすい。それは、彼らが大人になったとき、共感性の高い、相互扶助精神に満ちた世代をつくり出すということであり、社会に希望と幸福をもたらすだろう。フィンランドのグループ学習の成功は、学力だけでなく、共感性や社会的スキルを養うのにも非常に有効なことを示した。

社会の崩壊を食い止め、これ以上荒《すさ》んだ社会に陥っていくのをとどめるためには、この共感性の部分を子どもの頃から意識して育てていく必要がある。それが弱っているため、自己愛のために、自分の子どもを殺すということも起きてしまう。

社会的スキルを高めるプログラムを導入する

今の二十代の若者が直面している課題は、深刻な社会的スキルの低下である。社会的スキルが乏しいと、たとえ知的能力が高くても、それを生かすことができない。行きつく先は、結局、自立の失敗ということになってしまう。

そうした悲劇を防ぐためには、早い段階から、授業の一貫として、社会的スキルを高め、磨いていく取り組みを行うべきである。子どもの頃から始めれば、いくらでも伸ばすことができる。

逆に言えば、少々学力が劣っても、社会的スキルがあれば、逆境からはい上がり、リーダーとして活躍することもできる。もちろん、優秀な能力の持ち主であれば、たとえ、そうしたことが生まれつき苦手な場合でも、それなりの訓練を施していけば、十分挽回《ばんかい》が可能である。

すでに成人したケースでも、取り組み方次第で大幅に改善することが可能だ。

社会科という科目で知識を習うのも結構だが、知識以上に本当に必要なのは、実践的な社会性の能力ではないかと思う。「社会的スキル」という学科を設けることも一つだが、社会科の学習の一部として、社会的スキルのトレーニングを行うことも一つの案としては考えられる。

対人トラブルの解決法や困っている人を援助する方法について実践的に学ぶことは、歴史や地理の断片的な知識以上に、人生に有用なはずである。社会的スキルのトレーニングを道徳や学活で扱うこともできるだろうが、知識を必要以上に重視する今までの意識を変えるためにも、実践的な内容を、これまでの五教科に組み込むことは意義深いと思われる。

ＳＱトレーニングの実践

学校だけでなく、企業や大学も、社員や研究者の社会的スキルの不足を感じ、危機感を募らせている。

そうした中、私自身、三年前から、ある国立大学の研究者を対象にしたＳＱトレーニング・セミナーにトレーニング・コーチとして参加している。ＳＱ（Social intelligence quotient）とは、社会的知能指数のことであり、高い社会的知性を備えた研究者を養成するための強化合宿セミナーである。社会的知性やスキルを高めるための合宿セミナーが、研究者を対象に行われることは全国的にも珍しく、新しい試みとして注目されている。

私自身、トレーニング・コーチとして、ＳＱトレーニング・プログラムを作成し、研究者たちと生活を共にして、プログラムに取り組んだのであるが、非常にエキサイティングで印象的な経験となった。

参加したのは若手から中堅の研究者たちで、自分のラボ（研究室）をもちはじめたばかりの方が中心で、研究だけでなく、部下のアシスタントを使いこなしたり、学生の指導やトラブルへの対処が求められたりする立場ということで、何かと悩みが増えてくる時期にあるようだった。

個性豊かな面々で、しかも、十二人のうち三人は外国人で、国籍はオランダ、インド、台湾という多様性に富んだ集団であった。日本語と英語が飛び交い、しかも、オランダやインドの訛《なま》りの強い英語に、私も往生したが、彼らと教育について話すことはいろいろ勉強になった。

ハーバード大学などの海外の大学で学位をとった人も多く、研究者としては極めて優秀で、非常に能力の高い集団だと言える。それでも、ＳＱテストと呼ばれる、社会的知性の評価チェックシートであらかじめ評価を行うと、社会的知性の面では各人が課題を抱えていることが浮かび上がってきた。こうした社会的知性やスキル面での問題は、実際、彼らの現実の人間関係や社会生活、研究生活で遭遇している困難や課題と結びついているようだった。

そうした自分の傾向や特性が、いかに自分の人生に障害や困難を与え、可能性を狭めているかということを自覚するとともに、弱い面だけでなく強い面にも気づき、そのどちらにも刺激を与え、潜在的な能力を呼び覚ますことで、総合的な社会的能力を強化していくというのが、取り組みのねらいである。

しかし、何分、対象が大学の研究者という特殊な集団であり、日ごろ行っている方法がうまく通用するのか、一年目のときは、正直、不安もあった。だが、ふたを開けてみると、反応もよく、実にすばらしいロールプレイやパフォーマンスが飛び出し、楽しい時間となった。最初は無表情で反応や動きも乏しく、ぎこちなかった人も、スピーチやロールプレイを重ねていくうちに、反応が豊かになり、表現力が高まってくるのが手にとるように感じられた。

最終日には、誰の顔も表情が豊かになって、和気あいあいとした雰囲気に包まれていた。「最初は気乗りがしなかったが、参加してみて、その重要性がよくわかった」「非常に面白く、エキサイティングな体験だった」と語る人が多かった。

こうした取り組みを通して、あらためて思うことは、もっと早い段階からこうした取り組みを行い、社会的能力や共感性、表現力やコミュニケーション能力を育てていけば、社会に出てから途方に暮れるという悲劇を防ぐことになるだろうし、どの子ももっと通用する人材として育つことができるということだ。

グループ単位の活動の有効性

もう一つ収穫だったのは、グループ単位で主体的に取り組む手法の有効性が、あらためて確認されたことである。一から十まで講師が主導し、参加者がそれを聞き、言われるままにやるという手法では、社会性の本当の訓練にはならない。社会性だけでなく、学習の方法としても限界があるように思う。

ハーバード大学などでも、グループ単位の学習が活用されている。与えられた課題についてグループ内で手分けして、自分で調べたり、勉強してきたりしたことを他のメンバーに報告し、お互いに情報や理解を共有し、議論することで、課題の解決を図っていく。グループのメンバーは、いわば連帯責任を負うので、周囲に迷惑をかけないためには、自分の分担をしっかりこなさざるを得ない。もちろん、周囲とコミュニケーションをとり、チームとしての考えをまとめていくという作業も求められる。一人で学ぶだけでなく、チーム内で報告し合い、ディスカッションして、考えを煮詰めていくという作業が重視されるのだ。

フィンランドの小中学校では、グループ学習が基本であることはすでに述べた。そこでは連帯責任というよりも、むしろ自然な教え合いという共感的な関係にベースを置いたグループが目指され、ハーバード大学のグループ学習のような緊張関係ではない。同じグループ学習でも、年齢や発達段階、教育の枠組みによって、グループのあり方は変わるだろう。年齢の低い段階では共感性の育成に重点を置き、わからないで困っている人に教えてあげるということが重視されてよいだろうし、年齢が上がるにつれて、責任や配慮ということも重要になってくるだろう。

いずれにしても言えることは、個人主義が成熟した国ほど、共感性やコミュニケーション能力を高めることに多くのエネルギーと時間を注ぎ、社会やコミュニティーに対する責任を重視しているということだ。上っ面な個人主義を学んで、利己的にふるまうことだけを覚えてしまった日本人が、共感性においても、コミュニケーション能力においても、責任感においても、十分なトレーニングを受けておらず、むしろ利己的な受験勉強によって、それを損なっている状況を変えていくことが、自立した個人からなる、成熟した個人主義社会を実現するためには不可欠に思える。

主体性と責任を重視する

ヨーロッパの教育でとても重視されるもので、日本では軽んじられているものとして、主体性と責任感がある。主体性を尊重してはじめて、本来の責任というものが生じるし、育っていくことになる。教師が主導し、それに服従する生徒がよい生徒であるという意識が強い日本では、生徒の主体性は口先では称揚《しょうよう》しつつも、態度や深層心理ではうっとうしがられるところがある。やはり教師の話をよく聞き、指示したとおり行動する生徒がよい生徒とみなされるのだ。

そうなってしまうのは、一つには選択の余地のない一斉授業という枠組みの問題がある。一斉授業という枠の中では、周りと違うことをするだけで、授業が成り立たなくなることも起こり得る。

しかし、主体性とは、そもそも自分で考えて行動するということであり、必然的に、人と違うことをすることなのだ。つまり、主体性の強い人間は、人と違うことをすることが多くなり、どうしても一斉授業というものを窮屈に感じてしまう。

そうした問題を解消するために、オランダなどでは、小学校の段階から、自分で時間割をつくり、主体的に学ぶという教育方法がとられている学校も数多くある。中学以降の段階では、科目だけでなく、コース を選択する仕組みが取り入れられている。

「みんな同じ授業」の固定観念を外す

このあたりから、子どもの特性と進路のミスマッチをいかに防ぎ、その子の持ち味を最大限に生かし、自立をスムーズにするにはどうしたらよいかというもう一つの課題がかかわってくることになる。

小学校高学年頃から目立ちはじめた個人間の特性や志向の差は、中学校ではもはや埋めがたいほどに広がっている。誰もが授業の内容についていけるように手当てが十分施されているのであれば、みんなが同じことを学ぶことは、それなりに意義があるだろう。しかし、実際には、中学では五割以上の子どもが授業についていけなくなっている。

そうした実情を考えると、子ども一人ひとりの事情や特性に配慮した、幅広い選択肢から、自分に適した授業やコースを選択する仕組みをつくっていった方が現実的に思える。自分で自主的に時間割を組んで、自分で学んでいくという仕組みを充実させていく。必須科目の中でも、学ぶ内容や方法によって多様性をもたせた選択肢が用意されることが理想的だ。

また、視覚空間型や視覚言語型の子どもの特性を伸ばせるように、選択授業には物づくりや自主研究、作業や実習など、体験型、創造型の学習を多数盛り込む。学校ごとの特色を出すこともいいだろう。そうした取り組みを邪魔しているのは高校入試で、入試がなくなれば五教科にとらわれる必要も薄れ、受験に必要かどうかではなく、その子が学びたいかどうか、将来に役立つかどうかという実質的な観点で学習内容を選択することができる。

理数系に興味がある子どもは、その興味を伸ばせるような授業を選択し、より高度なことを学んだり、自由研究型の学習をしたりすればよい。技術的なことや実業に興味がある子には、より実践的な技術を学ぶことのできる授業を提供する。生き物の世話や自然に親しむことが好きな子どもには、そういう授業があってもいい。文学や歴史に興味がある子には、それをもっと掘り下げる授業が用意されてもいい。数学や英語が苦手な子どもには、基礎を補ってくれる授業が学年相当の授業とは別にあってもいいだろう。対人スキルやコミュニケーションなど、社会的スキルを磨く授業も提供されるとよい。

みんなが同じように五科目とか九教科を、同じ時間だけ履修しなければならないという固定観念を外してしまえば、かなりの割合の授業を選択制にすることは十分可能だろう。学年の壁まで取っ払って縦割りのクラスも許容すれば、より幅広く、多様な選択授業を設けることも可能になるだろう。一般の社会では、それが普通なのである。年齢の混在したクラスを体験することも大切だろう。同じ年齢の子どもばかり集めるということの方が、そもそも不自然なのだ。

多様性を増やすことで、学ぶことに喜びを感じる子どもは確実に増える。一か所にしか焦点が合わない教育ではなく、どの子にでも焦点が合うマルチフォーカスな教育を志向すべきなのである。

こうした方式が有効であることは、日本でも高校に総合学科が導入されたときに実証されている。荒廃のひどかった底辺の普通科高校を立て直すために、切り札として導入されたのが総合学科だった。授業を大幅な選択制にし、実用的で生徒が興味をもちやすい科目を増やした。その結果、生徒が積極的に授業にかかわるようになり、一躍人気校に生まれ変わる高校が続出した。学校の雰囲気が明るくなり、一体感が生まれ、その学校で学ぶことが楽しいと感じる生徒が大幅に増えたのである。

すべての子どもが履修すべきことを事細かに決めてしまうというようなことはやめて、子ども一人ひとりの特性や主体的意欲に従って、一人ひとりが個別の時間割で学習するといった方法を活用すべきである。

子どもは狭いクラスの中でいつも同じ役割に置かれるということもなくなり、風通しもよくなる。自分が選択したクラスの中で、それぞれ居場所を見つけていくこともできる。

これは、いわゆる習熟度別というのとも異なる。習熟度別では、決まった時間割の中で、できるクラス、できないクラスに分かれるからだ。そうではなく、科目の選択そのものにも自由度をもたせる。同じ数学でも、違う教え方をする授業やレベルや内容の違うコースを用意して、それをその子の関心やニーズに応じて選択させる。各科目に必要最低限の履修時間を決める必要はあるだろうが、数学や英語は最低限にして、実習科目を多く学ぶ子どもがいてもいいわけだ。高度な数学や物理に取り組む授業があってもいい。

それは競い合うためのものでなく、それぞれ一人ひとりの子どもの特性に合った教育の可能性を最大限に高めるためのものである。しかも、どの子に対しても、である。

五教科的な科目ばかりを偏重するのではなく、実技的な科目や実用的な科目も、それぞれの特性を生かせるような方向が目指されるべきだろう。バイクや車のエンジンを学ぶクラスがあってもいいだろうし、金属加工や製図を教えるクラスがあってもいいだろう。先にも述べたように、このタイプの子どもたちは、まず応用に触れた方が興味や意欲が出る。

選択した科目で成績をつければ、これまで劣等生扱いされていた子どもも、自分の得意分野を見いだして、自分のベストの成績を出せるだろう。子どもを蹴《け》落とすのが教育の目的ではなく、その子の特性を生かして、引っ張り上げることが教育の目的だとすると、同じことをやることにこだわって劣等感を刻み込むよりも、それぞれの特性に合ったことを伸ばして、自信や達成感を味わった方がどれだけ教育の本来の目的にかなっていることだろう。

同じ尺度で評価しようとするから悲劇が生まれる。それぞれ異なる尺度で評価し、高めていけばいいのである。五教科入試という枠を取り払ってしまえば、異なる尺度でそれぞれの子どもが、学びたいものを学ぶことに何の差しつかえもない。

同じことを学ばなければならないという強迫観念を捨ててしまえば、もっと自由な可能性が広がるのだ。一人ひとりが自分の進むべき道に向かって学習するという主体性を育てることこそが、みんなが同じことをするよりも重要に思える。なぜなら、みんな別々の人生を歩んでいくのだ。必要な知識も、必要な準備も、一人ひとり異なっていて、当たり前なのだ。山に行く者に、水泳パンツや浮輪の用意をさせたり、海に行く者に、登山靴やザイルをもたせたりしても邪魔になるだけだ。

中学生という年代は、まさに枝分かれが始まろうとするときである。その枝分かれを無理やり止めてしまおうとするから、おかしなことになっている。その枝分かれを当たり前の事象として認識し、助けてやることこそが求められている。

発見型、実技型の学習を増やす

重要なのは、学ぶ内容だけでなく、学ぶ方法も多様化するということである。子どもの特性によって、その子に適した学び方というものは大きく異なっている。一つの教育手法ばかりで教えられると、その方法に合わない子はとことんそこからはみ出してしまう。教え方も多様化し、その子の特性に合わせて選択できることが理想なのである。それが無理ならば、一つの授業の中にいろいろな学習法や指導法の要素を組み込むことが必要になるだろう。

講義暗記型の教育は、知識を効率よく整理し、習得するという点では有用だが、現実の問題を解決するのにはあまり役に立たない。資格試験や受験勉強には向いていても、真の問題解決力を高めることにはつながらない。しかも、視覚空間型の子どもには体質的に合わないということもある。

講義暗記型の教育は最小限にとどめ、主体的に問題意識をもって自分たちで学んでいく試行錯誤型、発見型の教育を増やしていく。そこにグループ学習を組み込むことで、協力したり、助け合ったり、議論したりといった相互的なコミュニケーションのトレーニングにもなる。

もちろん、こうした点に配慮し、先進的な取り組みを盛んに行っている学校も少なくないだろう。しかし、入試といったことが足かせとなって、効率よく知識を詰め込む方法に頼らざるを得ないという事情もある。教師や学校のせっかくの努力も、大きな外力によって打ち消されてしまう。

本来の教育が行われるためには、やはり入試のあり方や成績評価の仕組みといった骨組みの部分を変えていく必要がある。単なる知識だけでなく、自ら課題を見つけ出したり、解決の方法を考えたり、意見を交換したり、自分の考えを発表したりといった実践的プロセスを大切にし、その部分をきちんと評価していくことが重要になる。それを行えるのは、テストによってではなく、普段の授業や学習における取り組みにおいてであり、いかに主体的に学んでいるかが評価される仕組みが求められる。

基礎学力は、検定方式で充実させる

もちろん、読み書き計算のような基礎学力を育てることは、どの子にも大事だ。こうした基礎学力については、絶対評価が必要だろう。そのために、有効な方法として、検定によるグレード取得という方法が考えられる。

例えば、漢字検定、国語検定、算数検定、英語検定のように検定方式にして、小学校一年終了レベルの八級から始まって、中学校終了レベルの一級まで学力基準を設け、それに従って検定を行い、グレード（級）を取得すると、進級するという仕組みをつくる。読み書きに偏らず、聞く、話すのモードを使いこなせるように、ディクテーションやリスニング、スピーキング、読み上げ暗算といった課題を各検定に盛り込む。ワーキングメモリーや実行機能などの基本的な能力を鍛えるのにも役立つし、実践力にもつながる。子どもたちは進級を目指して反復練習をする。こうした検定方式は、学校の勉強から落ちこぼれしてしまった者が多く来る少年院の教育においても、非常に有効であることが実証されている。

小学校一年から段階的に取り組むこともできるし、途中まで怠っていた子どもが、勉強したくなって頑張れば、遅れを取り戻すこともできる。検定は毎月受けられるようにすれば、万一不合格になっても何度でも再挑戦できる。もちろん、級の刻みをもっと細かくしてもいいだろう。十級から十段まで、二十段階あってもいいわけだ。

検定を何級まで通っているかで、それぞれの子のそれぞれの分野での、基礎学力の到達度が把握できるし、どこでつまずいているのかも、たちどころにわかる。検定は差をつけるためのものではなく、基礎がちゃんと身についているかどうかを確認するためのものである。問題は基本が中心だが、合格点は高く設定する。

そろばんを習っている感覚で、いろいろな級の子がいていいわけである。それぞれが自主的に学習して、わからないところを教え合い、他の生徒もわからなければ、教師が助け舟を出すという形でもいい。

検定のレベルが授業の進路より遅れがちな子どもには、補習などの支援を行う。検定に合格しているかどうかという明白な基準をつくることで、支援も行いやすくなる。全員が自分の学年相当の検定をとれるように努力することで、落ちこぼれをつくらないことにもつながる。

中学二年生だが、数学で小学五年相当のグレードしかとれていなければ、まず小六のグレードを取得するための選択授業をすることで、的を絞った底上げを図ることができる。

高校、大学の入学資格は、入試を行わない代わりに、授業についていくのに必要な検定のグレード（級）を指定すれば、それで事足りる。

検定方式のもう一つのメリットは、学習障害を抱える子どもを早期に発見でき、適切な対処を行えるということである。算数検定は、問題なくクリアできるのに、漢字検定だけ、二学年下という場合や、その逆の場合に、その子の能力のどこに問題があるかがたちどころにわかり、読字障害や書字障害、算数障害といった問題に応じた指導を行える。学習障害の子には、特別な指導法が必要なのである。

視覚空間型の子どもには、学習障害の子が少なくない。それがコンプレックスになったり、勉強嫌いの原因になったりすることも多い。そうならないために、早期発見と適切な対処が重要で、それで自信をなくし、劣等感をもたせるようなことになってはいけないのだ。

仕事のプロを教育現場に招く

もう一つ大事なのは、五教科偏重ではなく、実技科目や実用的な科目、社会的スキルや運動能力など、学力以外の能力を高める科目や活動をもっと評価するということである。

その場合に、その子が社会で通用するという観点を盛り込むことが必要だ。子どもにそれぞれ役割を与え、主体性や責任感を育んでいくことも重要になる。自治といったこともいいが、その前にもっとやるべきことがある。必要なものをできるだけ自分たちの力で調達したり、校内を清掃し、環境美化に取り組んだりといった、みんなのために働く体験を重要視すべきだろう。

勉強などせずに、半日草取りに汗を流す日があってもいいのだ。入学試験などなければ、授業が半日ないからといって、カリカリする人間もいないだろう。雑用は大人に押しつけて、少し余分に勉強したところで、大学に入って、ろくに本も読まずに遊びほうけたのでは何の意味もない。

社会に出れば、過酷な労働に駆り立てられるのだ。それに耐えられる心と体をつくるには、日ごろから働く経験をしておく必要がある。

フィンランドでは、企業家精神を育てることが教育目標にも謳われ、仕事を企画し、運営するといった取り組みが授業としても行われている。ビジネスのプロを教育現場に招いて指導を受けるというのも、大きな刺激になるだろう。

こうした取り組みは、日本の高校でも行われている。三重県立相可《おうか》高校では、食料調理科の生徒たちの手によってレストランを経営する試みを行ったところ、地元の特産品を生かしたメニューが評判を呼び、いつも行列が絶えないほどの人気となっている。料理の腕前もさることながら、チームワークで仕事をすることや、接客や経営についても実践的に学ぶことは、生徒たちにとってよいトレーニングとなるだろう。

現在こうした取り組みは、熱意ある教師の個人的な奮闘に委ねられている状況だが、制度として仕組みが整えば、フィンランドやオランダの例のように、授業の一環として行うことも可能になるだろう。

職業的自立を意識した教育

就職できることが、自立とイコールではないし、就職しない自立の仕方もある。人間の能力のあり方はさまざまであり、その人が置かれた事情もさまざまである。

ある統合失調症の患者さんは、若い頃は何度も服薬中断から病状悪化と入退院を繰り返したが、四十歳になる頃から病識がしっかりして服薬が安定すると同時に、再発することもなくなると、規則正しく家事をこなし、年老いた母親の面倒を見て、長年良好な状態ですごした。母親が認知症になってからは、一部はヘルパーの手を借りながらも母親の世話をよくした。

これも一つの立派な自立だと思う。仕事をもって経済的に自立することだけが自立ではない。ただ、拙著『統合失調症』（ＰＨＰ新書）で明らかにしたように、統合失調症の社会的回復率（経済的、社会的に自立できる状態にまで回復する割合）は、本人の状態に応じた仕事が与えられるかどうかによって、大きく左右される。統合失調症の患者が仕事を見つけにくいアメリカや日本のような社会では、患者の社会的回復率は低いが、それなりの仕事を見つけやすい国や地域では、社会的回復率がはるかに高いのである。

そうした事実からも明らかなように、その人の特性や能力に応じた職業的技能を身につけ、適材適所の仕事が与えられ、その技能や努力を評価されることは、その人の自立と安定に非常に大きく寄与するのである。

職業的自立という観点は、早い段階から念頭に置かれるべき重要な要素である。第1章のケースのように、大学生の段階までエリートであっても、社会で通用しないということになってしまっては、何のための教育だったのかということにもなる。

職業的技能が重要なのは、多くの若者は仕事に就くことによって、さらに社会的にも、能力的にも磨かれていくからである。本人にふさわしい仕事に就けるかどうかは、その時点の自立の問題や単なる経済的な問題ではなく、その後の体験や成長を決定的に左右しかねない。

その意味でも、その子が将来継続的に成長を遂げ、自立を確固としたものにしていくためには、その子が職業生活において実際に通用する能力を培っていかねばならない。

ここで強調しておきたいのは、職業的技能とは、資格取得や専門技術の習得だけではないということだ。資格を取得したり職業訓練を受けたのにもかかわらず、社会で通用しなかったというケースが非常に多いのだ。

昨今、就職でつまずいた人が、簿記や宅建、医療事務などの資格をとるというケースが少なくない。だが、実際にその資格を活用して就職し、仕事をやりこなせる人は、資格をとった人のうち、ごく一部である。看護師や薬剤師のような、高度な訓練を積み、国家試験に合格してはじめて得られる資格でさえ、仕事を続けられない人が少なくない。

何が足りないのかといえば、社会的スキルやストレス耐性が培われていないのだ。その部分がある程度ついていなければ、せっかく資格があっても、どんな仕事も続けることは難しいし、採用にさえ至りにくい。

つまり、職業的技能をつけるというのは、ただ資格試験に合格することや、技術を習得するということだけでなく、それを現実の職場で活用できる社会的スキルとストレス耐性も身につけるということである。それが可能になるためには、やはり小中学校からの訓練が重要になるし、そうした点をもっと重視したトレーニングを行い、それらの能力も学力と同じように評価して、意識づけていくことが必要である。

日本にはアカデミックな能力を職業的技能や実践的能力よりも高くみなす根強い風潮がある。こうした風潮が、子どものそれぞれの特性を公平に生かすチャンスをゆがめてしまっている。それを打破し、実践向きの子どもも、自信をもって自分の特性を伸ばしていけるようにするためにも、職業コースや職業専門学校の充実と格上げを図らなければならない。ドイツの実科学校やオランダのHAVO、フィンランドやオランダで人気を集めている四年制の高等職業専門学校のような、実践的で、高い技術を習得できる教育機関を発展させていくことが望まれる。

フィンランドの場合、もともとあった専門学校を再編するなどして、高等職業専門学校がつくられ、公立（自治体が設立）が多いが、民間立（企業などが設立）のところもある。大学同様、いずれも学費は公費で賄《まかな》われ無料である。

日本にも高等職業専門学校（ポリテクニック）があるが、一年制または二年制で、また定員も少なく、その存在を知らない人も多い。

例えば高等専門学校や定員割れしてくる一部の大学などを再編拡大して、フィンランドやオランダ並みの高等職業専門学校（ポリテクニック）を作れば、大学以上に高い就職率で人気化し、職業教育に新風が起きるだろう。

昨今、中央教育審議会において、職業教育のための大学（「職業大学」「専門大学」）の創設に向けた意見が出されている。これは、まさに日本版の本格的なポリテクニックを創設しようという動きであり、非常に歓迎される。ただ、大学だけをいじればよいという問題でないことも、これまでの議論から明らかである。大学からでは遅すぎるのだ。また、大学を出た若者にも問題が生じているが、大学にもいけない若者は、もっと困難な状況に陥っている。そうした若者を救うためにも、より抜本的な制度改革を期待したい。

少人数クラスにし、教員の不足は多彩な人材を活用する

ここまで述べてきた教育を実際に行っていくには、クラスの規模を、教師が全員の生徒を常に把握し、かかわりをもつことができる人数にする必要がある。グループ学習のような手法をとる場合、コントロールが利かなくなれば、単なる無秩序に陥ってしまう危険もある。日本でそうした方法が根づきにくかった理由の一つとして、一クラスの生徒数が多すぎたということがある。

主体的なシステムがうまく働くためには、教師の指導やバックアップが重要である。助け舟が必要になったときに、すかさず介入できなければならないのだ。そのためには、二十人程度の少人数クラスを中心に運営し、授業の内容や方法によって、クラスの人数を変えるということが必要だろう。

それを実現するには、現行の教師では人員・人材不足が予想される。ただし、教師一人あたりの生徒数で見ると、初等教育では、日本が18・5人であるのに対して、フィンランド15・0人、オランダ17・2人、イギリス17・2人、韓国25・6人であり、

人員不足があると言えるが、中等教育では、日本が12・2人に対して、フィンランド12・4人、オランダ13・3人、イギリス14・0人、韓国18・1人で、数の上ではむしろ手厚い。それだけ人員を投入しても、大きな困難を生じているということは、システム自体の問題を示唆《しさ》している。初等教育に人員を増強するとともに、中等教育の仕組みを変えていくことが必要である。

　不足する部分は、雇用対策も兼ねて、幅広く人材を登用すれば、教育の活性化にもつながる。これは、単なる雇用対策ではなく、国家の将来のための、もっとも効率のよい投資なのである。それが有効な投資となるためにも、もちろん有為の人材を取り込む必要がある。

　教育が閉塞状況に陥っている一因として、教育から多様性が失われているということがある。それは、教える内容についてもしかり、教え方についてもしかり、そして、教える人材についてもしかりなのである。

　未来を受け継ぐ者を育てる教育は、特別な地位をもつ営みである。そこに、この社会の未来がかかっているからだ。これまで先祖や先達が培ってきた英知を伝えることが、まさに教育のもう一つの役目である。プラトンやアリストテレスといった賢人が最後に行きついたのは、次の世代の者に教えるということであった。自分たちが到達した最高の英知を若い世代に伝え、新しい発展を期待したのである。

ところが、産業社会においては、教育についても分業化が進み、教えることを専門にする教師という職業を生んだ。教員養成課程や教育学部が、教師を大量生産してきた。義務教育というものを支えるには、そうした安定的な供給システムが必要だったのだ。

しかし、教師は教育の専門家であるが、多様化し、激動化した今日の社会においては、非常に狭い体験の中で暮らしている存在でもある。実際に工場で働いたり、営業マンとして物を売ったり、最先端の技術開発に携わったりしてきたわけではない。あの高校に行ったらいいよ、この大学に行ったらいいよ、と言うにしても、その先に待っている世界がどういうものか、教師自身も体験したわけではない。

つまり、多様性という点で、教育学部出身の教師という存在自体が一つの限界となっているように思う。教育の多様性を確保し、どの子どもにも知的好奇心や将来への意欲や働くことへの興味をかき立てる刺激を可能な限り与えられるようにするには、もっと多様なバックグラウンドをもつ人材が教育に投入される必要があるのだ。

すでに一部で行われつつあるが、他の職業を経験した人材を積極的に採用するとか、実際に、さまざまな仕事に携わっている人や第一線のビジネスや研究開発の経験者を招いて特別授業をお願いするなど、幅広く人材を活用する必要があるだろう。
その意味でも、社会全体で教育を支えていくという姿勢が必要になる。

入試のあり方を根本から変える

この国が未来のために、とるべき重要な選択について述べねばならない。それは、入試のあり方を根本から変えるということである。

これまで見てきたとおり、競争は勝者と敗者をつくり、格差を広げていくばかりか、その中で育った者の共感性の発達を損ない、自己愛的にしてきた。

勝者と敗者の違いなど、紙一重であり、本質的にはあまり意味はなく、選抜のための選抜でしかない。受験勉強は、学ぶこと自体の喜びや意味をゆがめてしまう。入学試験や受験というものの弊害を最小限にすることが、教育の再生には、ぜひとも必要に思える。

本来的な学習に主体的に取り組めるようにするためにも、いわゆる受験の負担を極力少なくした方がよい。なぜなら、そこで無用の競争をすると、受験が勉強の目的になるという本末転倒を起こすだけでなく、結局、生徒たちがそこで消耗してしまい、入学してから伸びなくなるからである。

まず、高校入試は必要ないだろう。フィンランドのように中学の成績で合否を決めるか、韓国で行われているように抽選で決める形が考えられるが、日本になじみやすいのは前者ではないだろうか。

また、大学入試も必要最小限かつ、肝心な能力がチェックできるものにする必要がある。その方法としては、オランダのように高校卒業資格イコール大学の入学資格とするか、フィンランドやドイツ、イギリスのように大学入学資格試験と専門科目の二次試験を行うか、アメリカのように大学入学資格試験を容易にして、面接や志望動機を重視するか、などの選択肢がある。

それらは、結局二つの方法に集約して考えられる。

一つは、大学に入る前の時点で、専門教育に耐えられる一定の学力やスキルが身についているかをチェックする方式であり、もう一つは、大学の授業についていくのに必要な学力、能力の基準だけを示して、後は入ってから実際に授業についてこられるかどうかでチェックするという方式である。

前者の場合、専門科目である二科目程度の試験と面接、小論文のみを課すという方式が考えられる。面接や小論文で社会的能力や統合能力などを重視すれば、大学に入ってからも、社会に出てからも困らないように、実際に必要な訓練に早くから取り組むようになるだろう。合否判定において、面接や志望動機、高校での活動などを重視すれば、過剰な受験競争を抑えることができるだろう。

後者の場合、高校卒業資格が大学入学資格であり、後は各大学各学科の授業についていくために必要な学力の基準を参考に、応募者は示された基準と自分の学力を照らし合わせて、自分に合っていると思う進路を選ぶ。応募者多数の場合には、高校時代の成績や活動、志望動機書、面接などで、合否を決める。

この場合、入学は広き門になるが、入学後の進級は厳しくなる。誰でも、自分が行きたいと思う大学で、ある期間、試してみることができるわけだ。もし、選択を間違ったと気づいた場合には、各学年終了時点で移動することを認める。ついていけない、あるいは、合わないとわかった段階で、進路変更することができるわけだ。これは、欧米ではよく行われていることである。

いずれにしろ、入試に無駄なエネルギーを費やさず、実際に必要な勉強に力を注ぐことになる。生徒は偏差値やランキングといったものに振り回されることなく、本当に自分のやりたいことに合致しているかどうかで、学校を選ぶことができる。その方が生徒にとっても、選ばれる学校にとっても幸せである。

進路選択が本当に正しいかどうかは、実際のところ、やってみないとわからない。

入試の段階で、中身もわからずに、長い時間と労力を費やすよりも、入ってみて試行錯誤できるようにした方が効率がよいのである。

口先ではなく中身で、一人ひとりの特性を大切にする

スムーズな自立を成し遂げるためには、学力やスキルを磨くだけでなく、仲間に受け入れられ、支え合うことを学ぶということも、劣らず重要である。母親を殺してしまった冒頭の若者のような悲劇が起きないためにも、それは切実に求められる。

今、学校だけでなく、職場にも蔓延《まんえん》しているいじめやハラスメントの問題、虐待や家庭内暴力、ＤＶといった問題は、連なっている一続きの現象である。その根底にある問題は、共感性や社会的スキルの低下ということである。

社会の枠組みがしっかりとし、また社会的体験が豊かであった時代においては、そうした能力は放っておいても自然に身についたのかもしれない。しかし、そのどちらも弱体化した現代にあっては、意識して育んでいくことが必要になっている。

つまり、個人主義社会が、自己愛社会ではなく、本当の意味で幸福な社会となっていくためには、個人の自立を育みながら、同時に共感性や社会性を育むという課題を成し遂げていく必要があるのだ。

個人主義の先進国にあっては、その点を踏まえた教育が行われている。日本もその部分を補い、強化していく仕組みをつくっていかねばならない。

それらの国々に共通する理念として、子どもを競争させ、優劣をつけるのではなく、子ども一人ひとりの特性とニーズに応じた教育をすることこそが、その子の可能性を最大限伸ばすことになるという考え方がある。子どもに一律に同じことをさせるのが平等ではなく、その子の特性やニーズに合ったことを提供することこそが本当の平等だと考えるのだ。そのことが、子どもたちの学力だけでなく、他者に対する共感性を育み、スムーズな自立を成し遂げるのにも役立つ。

実際、一律で画一的な教育は、しばしば牛乳アレルギーの子にも牛乳を飲ませるようなところがあった。空を飛ぶ鳥に走る練習ばかりさせても、「労多くして益少なし」なのであり、その子のもつ特性を最大限に伸ばす機会をどの子にも与えることこそが、本当の機会均等、真の平等だと言えるだろう。

みんなと同じことをすることが善であるという強迫観念から自由になり、子ども一人ひとりの特性が生かされる教育につくり替えていくことが、今や待ったなしに求められている。口先だけで、子ども一人ひとりを大事にするということで、済ませるのはもうやめよう。必要なのは、その中身において、どの子どもも、その特性が生かされるように仕組み自体を変え、それを実践していくことなのである。

おわりに――子どもの特性を生かし、社会で通用する教育を

教育の成果は、十年後、二十年後に現れる。そのとき、「しまった」と思ってからでは、もう手遅れである。脳がまだ発達途上で、可塑《かそ》性に富んでいた時間はもう取り戻せないのだ。その貴重な時間を子どもが自立できるように使う必要があるのだ。そのためには、自立に不可欠な基礎的能力を培うとともに、その子が自分の興味や特性に適した領域で、活躍の場を見いだせる準備をしていかねばならない。

そこで求められるのが、子どもの特性とニーズに合った教育である。

子どもの能力は多様であるだけでなく、その発達の仕方も多様である。その子に備わった能力を、その子に合った方法で伸ばしてやれるかどうかが、スムーズに自立できるかどうかのカギを握るのである。

講義暗記型が中心の画一的な教育では、そこから零れ落ちるものを多くつくり出してしまうだけでなく、統合能力や社会的スキルといった、実践でものを言う力も身につかない。点数主義の教育では、共感性や責任を学ばせることもできない。こうした教育を何十年も続けてきた綻《ほころ》びと矛盾が、さまざまなところに押し寄せているのだ。

子どもを育てるはずの教育が子どもを損なってしまうという悲劇さえ起きている。校内暴力、非行、いじめ、不登校など、学校生活自体に強い不適応を示すケースは後を絶たない。大学は出たが、社会に通用する職業的技能や社会的スキルを身につけられなかったため、就職できないという状況も頻繁《ひんぱん》に見られる。子どもの自立を助けるはずの教育が、うまく機能していないのである。その状況を脱するためには、その子が自立するのに何が必要なのかということを常に念頭に置いた教育に変わらねばならない。

近年、技術大国としてもてはやされた日本も、優れた技術をもちながら、世界市場で敗退するという事態が相次いでいる。円高を放置した金融政策の失敗もあるが、それも含めて、技術で勝ってビジネスで負けるという事態の背景には、日本を衰えさせているより根本的問題、つまり、チーム力や人間力の低下がある。それはまさに統合能力や社会的スキルの低下と結びついている。外交や政治経済の問題についても、しかりである。したたかな海外勢と渡り合って、グローバリゼーションの時代を乗り切るためにも、統合能力や社会的スキルといった実践的な能力を早くからトレーニングすることが求められるのだ。

それが行えるためにも、入学試験などの試験のあり方を根本から変えてしまう必要がある。高校や大学の入学試験は行わないか、ごく基礎的なものと学科ごとの専門科目にとどめ、むしろ卒業の条件を難しくして、十分な訓練を行うようにするというのが本来の目的にもっともかなっているだろう。もし進路選択が間違っていれば、どの時点でも柔軟に進路変更ができる仕組みがあれば、自分のやりたいことにチャレンジすることに、思う存分エネルギーと時間を費やせる。

五教科主義の入試という縛りがなくなれば、もっと多様な教育が行いやすくなる。子どもの特性に応じた教育の可能性が広がる。その子が自立するうえで、本当に必要な取り組みに、時間とエネルギーを投入することができる。

子どもが自立するという課題は、その子にとって人生最大の課題である。それは同時に、社会全体にとっても極めて重要な課題である。その子なりの自立を果たしていけるように導き、支えていくことが、教育をはじめとした社会の役割なのだ。

自立の問題を、本書では教育という観点から考えてみた。そこには子どもたちの自立を助けるどころか、くじいている理不尽な状況が見えてきた。子どもたちが、将来スムーズに自立を遂げていくためにも、そこを変えていかねばならない。そのために、仕組み自体が実情に合わないまま、何十年もそのままになっていることにまず目を向けることからだと思う。

一人ひとりの教師や親の努力では、どうにもならないほどのズレが生じてしまっている。どうにもならないことを、どうにもならないことを理由に続けているのだ。その犠牲になるのは子どもである。子ども一人ひとりのニーズに応え、その特性を伸ばしやすい仕組みが、ぜひとも必要なのである。

最後に、執筆に当たって多くの励ましと支えを頂いた、小学館出版局の徳田貞幸氏と小林藤彦氏に、感謝の意を記したい。

岡田尊司

［参考文献］
『フンボルト理念の終焉？　現代大学の新次元』潮木守一　東信堂　２００８
『ドイツ国家学と明治国制　シュタイン国家学の軌跡』瀧井一博　ミネルヴァ書房　１９９９
『自己愛型社会　ナルシスの時代の終焉』岡田尊司　平凡社新書　２００５
『自分らしさがわかるＳＱテスト』岡田尊司　ＰＨＰ研究所　２００７
『アスペルガー症候群と非言語性学習障害』キャスリン・スチュワート著　榊原洋一、小野次朗編訳　明石書店　２００４
『文化的-歴史的精神発達の理論』ヴィゴツキー著　柴田義松監訳　学文社　２００５
『オランダの教育　多様性が一人ひとりの子供を育てる』リヒテルズ直子　平凡社　２００４
『ヨーロッパの教育現場から　イギリス・フランス・ドイツの義務教育事情』下條美智彦　春風社　２００３
『さまよえるアメリカの教育改革』国際貿易投資研究所監修　リブロ　２００５
『格差社会と教育改革』苅谷剛彦、山口二郎　岩波ブックレット　２００８
『イギリス「教育改革」の教訓　「教育市場化」は子どものためにならない』阿部菜穂子　岩波ブックレット　２００７
『競争やめたら学力世界一　フィンランド教育の成功』福田誠治　朝日新聞社　２００６
『競争しても学力行き止まり　イギリス教育の失敗とフィンランドの成功』福田誠治　朝日新聞社　２００７
『フィンランド流社長も社員も６時に帰る仕事術』田中健彦　青春出版社　２０１０
『台湾の九年一貫課程における教育と国際的な学力調査での学力向上策の研究』小野里聡、名古屋大学大学院『教育論叢』第五十一号　２００８
『やわらかな心をもつ　ぼくたちふたりの運・鈍・根』小澤征爾、広中平祐　新潮文庫　１９７７
『中国の若者はどうやって人材に育ったか』目莞ゆみ　氷水パブリッシング　２０１１
『登竜門の夢　知られざる中国大学受験の実態』何建明著　何暁毅、梁蕾訳　白帝社　２００３
〝How Your Child Learns Best〟Judy Willis, Sourcebooks, Inc., 2008
〝Diagnosing Learning Disorders〟Bruce F. Pennington, the Guilford Press, 2009
〝From school to productive work Britain and Switzerland compared〟Helvia Dierhoff & S.J.Prais,Combridge university press,1997
〝Science Portal China〟http://www.spc.jst.go.jp/index.html

［著者紹介］

岡田尊司（おかだ・たかし）

1960年、香川県生まれ。精神科医。医学博士。東京大学哲学科中退。京都大学医学部卒。同大学大学院高次脳科学講座神経生物学教室、脳病態生理学講座精神医学教室にて研究に従事するとともに、京都医療少年院や京都府立洛南病院などで、発達障害やパーソナリティ障害の治療に長年取り組んできた。山形大学客員教授として、社会的能力SQをトレーニングするためのプログラムの開発、実践にもたずさわる。2013年、専門クリニックを開設。主な著書にベストセラーとなった『脳内汚染』（文藝春秋）『アスペルガー症候群』（幻冬舎新書）『愛着障害』（光文社新書）『母という病』（ポプラ社）のほか、『パーソナリティ障害』『統合失調症』（ともにPHP研究所）『境界性パーソナリティ障害』『発達障害と呼ばないで』（ともに幻冬舎新書）など。

小学館文庫
好評新刊

欲望のメディア
猪瀬直樹
映像革命を描きネット社会到来を予見！《ツイッター都知事》の理由がわかる「ミカド三部作」の完結編！

出星前夜
飯嶋和一
第35回大佛次郎賞受賞作！　江戸寛永年間、無能な為政者に抵抗し、破滅を覚悟で戦った民衆を描いた歴史超大作。

寂しい写楽
宇江佐真理
寛政の改革の時代、大首絵刊行を試みた新人絵師・写楽とは何者だったのか。奇矯の絵師の真実に迫った力作長編！

幕末妖人《ようじん》伝
時代短篇選集1
山田風太郎
高野長英、鳥井燿蔵をはじめ、時代の激動期に、変革の波に翻弄されながらも志を追い求めた人物を描いた作品集。

スクールセイバー
須藤靖貴
新任教師と個性的な先生仲間が、高校の学内で起きた様々な事件を巧みに解決していく。痛快学園小説、第1弾！

50歳から始めるお金の話
映画『草原の椅子』より
野尻哲史
映画『草原の椅子』とのコラボレーション。投資や貯蓄はもちろん、年金、住宅ローンの最適運用法が一冊でわかる。

小学館文庫
好評既刊

ひろいもの
山本甲士
偶然、バッグや警察手帳などを拾ったことで運命が変転していく5人の人生を描いたハートウォーム・ストーリー。

満開の栗の木
カーリン・アルヴテーゲン
柳沢由実子／訳
北欧ミステリ界でいま最も人気のあるアルヴテーゲンの最新作。スウェーデンの田舎町のホテルから始まる物語。

ぼくたちと駐在さんの700日戦争 16
ママチャリ
「暴走族ひとつつぶす！」と宣言した西条くんに巻き込まれた、ママチャリ達。史上最大級のいたずらの結末は？

11センチのピンヒール
Lily
おしゃれとキャリアと恋、すべてがほしい20代女性のジレンマがリアルに描かれた、涙なしには読めない恋物語。

この国を出よ
大前研一
柳井　正
ユニクロは、なぜ世界へ出るのか。ビジネスマンと企業はグローバル社会でどう戦うべきか。話題の対論を文庫化。

偽善入門
小池龍之介
ベストセラー『考えない練習』の小池龍之介氏が説く、悩みだらけの現代をサバイバルするための善悪マニュアル。

――本書のプロフィール――

本書は、二〇一〇年十二月に小学館より刊行された単行本『なぜ日本の若者は自立できないのか』に、著者が大幅に加筆および改稿し文庫化したものです。

小学館文庫

子《こ》どもが自立《じりつ》できる教育《きょういく》

著者　岡田尊司《おかだたかし》

二〇一三年三月十一日　初版第一刷発行

発行人　稲垣伸寿
発行所　株式会社 小学館
〒一〇一-八〇〇一
東京都千代田区一ツ橋二-三-一
電話　編集〇三-三二三〇-五八〇六
販売〇三-五二八一-三五五五
印刷所――図書印刷株式会社

ISBN978-4-09-408807-6